蛾《が》のおっさんと知る
衝撃の学校図書館格差
～公教育の実状をのぞいてみませんか？～

山本みづほ

YUKENSHA

蛾のおっさんと知る
衝撃の学校図書館格差

～公教育の実状をのぞいてみませんか？～

〈目次〉

第4章　私の学校図書館体験 ～「さなぎ期」から「羽化するとき」まで～……85

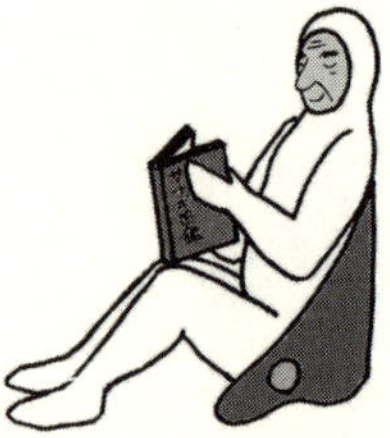

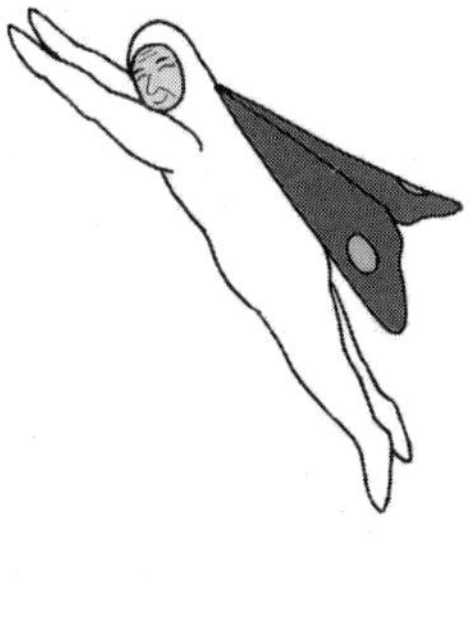

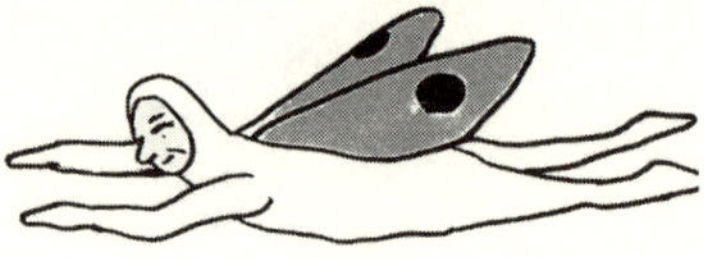

はじめにのその前に

【レッスン1】

まずは、読者の皆さんに自分が通った小中学校の学校図書館*を思い出していただきたい。ある人にとっては、いつでも開館していて学校司書*がいて「面白い本ないですか?」と聞くとすぐに自分に合った本を差し出してくれる場所である。そこでは授業も行われ学校司書が司書教諭*と共に授業のサポートをしてくれる。またある人にとっては、かび臭いじめじめした本の墓場のような場所である。いつも鍵がかかっていて、昼休みだけ児童生徒の図書委員が開館するが、当番忘れが多くせっかく行っても開いていないときがあるつまらない場所である。もちろんそんな学校図書館では、授業が行われることはない。

学校教育法*で「学校には、その学校の目的を実現するために必要な校地、

＊学校図書館＝1953年に制定された「学校図書館法」による、小・中・高等学校内にある図書館のこと。

＊学校司書＝学校図書館で働く司書のこと。一日中図書館にいて、その管理運営をし、児童生徒に本と親しむ環境を作り、授業のサポートをする。2014年にやっと「学校図書館法」にその職名が明記された。

＊司書教諭＝1953年に制定された「学校図書館法」による学校図書館の仕事をするための先生。5科目10単位の講習を受け「司書教諭資格」を有する。授業や担任の仕事を持ちながら図書館の仕事もするので、図書館にいる時間は少ない。

＊学校教育法＝1947年に制定された戦後の日本の学校教育を支える法律。

校舎、校具、運動場、図書館または図書室、保健室その他の設備を設けなければならない」とあることをご存じだろうか。保健室には「養護教諭」*が必ずどの学校にも常駐するが、図書館には「司書教諭」は12学級以上の学校にしか配置されず、しかも授業を持ち学級担任を持つ教員があてられるので、1日のほとんどを教室で過ごすことになる。分身の術を使わない限り司書教諭は図書館には存在できず鍵をかけることになる。

そこで1日中図書館にいることのできる「学校司書」が必要となる。自治体によっては学校司書が50年以上前から普通に存在したり、平成が終わった今も存在していなかったりという格差が生まれている。そんな状況であるにもかかわらず学校図書館は、学校の施設の中で唯一「学校図書館法」という法律が定められているという、これまた不思議な場所でもあるのだった。そこまで大事に思うなら、国が「養護教諭」のように専任で仕事をする「人」をあてがえばいいのに……。なぜか「学校図書館」の運営は、自治体任せなのである。そんな現状を頭において、読み進めて欲しい。

＊養護教諭＝「学校教育法」に定められた、保健室の先生。一日中保健室にいて、授業を持つことはなく、児童生徒の病気や怪我に対処し、学校全体の保健の管理を行う。

はじめに

「蛾のおっさん」って一体何者？

ヘンな蛾が、友人Ｒｕｍｉさんの夢に唐突に現れたのが２０１５年１月10日。彼女の周りをぶんぶん飛び回り、何これ〜？と手で払いながらよく見たら、全身白タイツにおっさん顔の蛾だった！というのが始まりだ。その夢の中に出て来たおっさん顔の蛾を、Ｒｕｍｉさんはご丁寧に色画用紙で作りＳＮＳにＵＰ（写真１）。そのクオリティの高さに即反応した私が、「そういえば学校図書館の書棚の裏って、たま〜に掃除すると干からびた蛾がたくさん死んでいるよね」と言ったところから、おっさん顔の蛾と学校図書館との親和性が高まった。「蛾のおっさん」は、そのストーリーを作って学校図書館の現状を少しずつＳＮＳで発信したり、私が講演や大学の司書教諭講習のゲストスピーカーに呼ばれたときにそのエピソードを話したりして知名度を上げて来

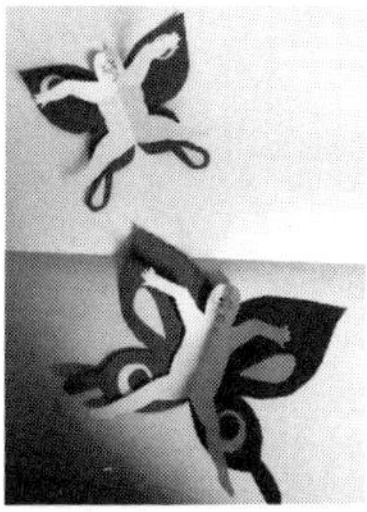

（写真１）
色画用紙で作った蛾のおっさん

ている。そのストーリーとは、こんな感じだ。

▽学校図書館　蛾のおっさん

月曜日　朝9時　きみの学校の図書館のカウンターに現れる！

「え〜、そもそも学校図書館は、第2次世界大戦後に日本の教育を視察したアメリカのGHQ*が……」う〜ん、何話しているのだろう？

授業中の子どもたちが、声を聞いてカウンターに集まってくる！

「何なに？」「おっさん何話してるの？」たちまち図書館は大騒ぎ。

学校司書も、司書教諭も、担任の先生もおっさんの話に聞き入っている。

「チョーク1本と教科書の授業ではいけない、もっと資料を見せて授業をしないといけないとGHQさんが言ったのさ！　それが学校図書館のはじまり」

「しつも〜ん」ハイハイと次々に手が上がり、蛾のおっさんが先生に。

こんな図書館は、ハナマルだね。（写真2、3）

*GHQ＝General Headquarters＝連合国軍最高司令官総司令部。1945（昭和20）年アメリカ政府が設置した対日占領政策の実施機関。1952年講和条約発効により廃止。

（写真2）

▽学校図書館　蛾のおっさん
月曜日　朝9時　きみの学校の図書館のカウンターに現れる！

「え〜、そもそも学校図書館は……」

学校司書がすぐに見つけてくれて、うんうんとうなずきながら話を聞いてくれる。

蛾のおっさん、うれしそうに演説を続ける。

こんな図書館は、マルだね。（写真4、5）

▽学校図書館　蛾のおっさん
月曜日　朝9時　きみの学校の図書館のカウンターに現れる！　はずが……。

だれも人がいないから、鍵がかかっていて入れない。

蛾のおっさん、入口でパタパタ飛ぶが入れない。

む、むなしい……。


（写真3）

こんな図書館はハナマルだね

（写真4）

学校図書館　蛾のおっさん

頑張って、3日通い詰めたら、ある朝、掛け持ちで勤務している学校司書がいた。
中に入れて、うれしい蛾のおっさん。演説に力が入る。
こんな図書館は、サンカクだね。(写真6、7)

▽学校図書館　蛾のおっさん

月曜日　朝9時　きみの学校の図書館のカウンターに現れる！　はずが……。
だれも人がいないから、鍵がかかっていて入れない。む、むなしい……。
頑張って通い詰めて1週間。ある朝、高い窓が1か所開いているのに気付いた。
隙間から入り込んだ蛾のおっさん。カウンターに立って、演説するもだれもいない。
のどはカラカラ、疲れ果て、パタパタ飛びながら高い窓を目指すも、力が足りない。

(写真5)

こんな図書館はマルだね

(写真6)

学校図書館　蛾のおっさん

本棚の後ろにパタリ。落ちたまま干からびたけどずっと気づいてもらえない。

こんな図書館は、バツだね。（写真8、9）

▽学校図書館　蛾のおっさん

これでいいのか！日本の学校。

70年も前に、アメリカのGHQさんが、子どもの教育にはいろんな資料が必要で、だから作ろうと薦めた学校図書館。

こんなに差があって、バツな図書館の子どもたちは、大丈夫なのか？

蛾のおっさんは考える。（写真10）

この話の後、実際に自分が通った中学校はどの図書館に分類されるかを、学生や講演の参加者に聞いてみて、その地域差に愕然とした（次表参照）。

（写真7）

（写真8）

長野・東京・長崎の図書館分類比較

	ハナマル図書館	マル図書館	サンカク図書館	バツ図書館
長野県（30人）	33%	57%	10%	0%
東京都（19人）	22%	41%	37%	0%
長崎県（12人）	8%	25%	8%	58%

結果は、ほぼ６割がバツ図書館の長崎県に対し、長野県と東京都は０％。長野県は、９割がハナマルとマル図書館という地域差に愕然とする。

長野県の大学生の感想に「鍵がかかっている学校図書館なんてあるのですか？」「学校司書のいない学校図書館があるとは驚いた」というのがあり、長崎県はほぼ６割がそうだったと知らせたらどれだけ驚くことだろう。

この大学生たちは２００９年〜２０１２年に中学１年生だったのだが、ここまでの格差がある。長崎と同じ反応は、地方では多く見られるのではと察せられる。この格差を縮め、日本中どこに住んでいても子どもたちが同じ学校図書館サービスを受けられる世の中にしたいのだ。

蛾のおっさんの生みの親であるＲｕｍｉさんと私は、長崎県佐世保市の学校図書館教育研究会である佐世保市ＳＬＡ＊で

（写真９）

こんな図書館はバツだね

（写真10）

だいじょうぶ？
日本の学校図書館

知り合った。かれこれ20年くらい前のことだ。

当時私立中高校の専任学校司書だった彼女は、アンネのバラ*を育てたり、『地雷ではなく花をください*』原画展の企画展示をしたりと、市内や県内の活躍する若手学校司書として知られる存在だった。片や中学校国語科教員で学校図書館の運営もする司書教諭の私は、全国学校図書館協議会（ＳＬＡ*）の全国大会や、県大会での発表で、彼女と同じく県内に知られ始めていた。その後、佐世保市初の小中学校への学校司書配置に、勤務校を退職していた彼女が応募して、当時70校以上あった小中学校のうちわずか4校だけではあるが、1校専任の学校司書として勤務することになった。２００５年のことである。

当然のことながら私は、わずか4人の学校司書の1人（できればＲｕｍｉさん）と仕事がしたくて、私の勤務校に配置をして欲しいと手を挙げたが、あえなく落選。市教委によれば、学校司書配置によって年間貸出冊数が飛躍的に伸びたという実績を作りたいので、市内の中学校図書館貸出トップクラスの私の学校には配置できないとのことだった。貸出冊数の増加より、学校司書と一緒

*佐世保市ＳＬＡ（School Library Association）＝小中高の学校図書館の組織。

*アンネのバラ＝自然を愛し、とりわけバラが好きだったアンネ・フランクの未来永劫に存在する「形見」として捧げられたバラのこと。日本へは父のオットー・フランクから寄贈されたものが広まり、愛と平和のシンボルとなっている。

*地雷ではなく花をください＝１９９６年地雷撤去キャンペーンの際に制作されたボランティアで作られた絵本。葉祥明絵、柳瀬房子文。サニーという名の1匹のうさぎの視点から地雷の怖さや撤去の困難さを描いたもの。この本1冊で、10平方メートルの地雷原がクリアな土地になる。

*全国学校図書館協議会（ＳＬＡ）＝公益社団法人全国学校図書館協議会（Japan School Library Association）の略称。

に授業をやることを目指したかったが、当時の本市においては、私の考えが先を行き過ぎていたようだった。

Ｒｕｍｉさんとは1度だけ夢がかなって、市の中学校図書館研究部会で私の勤務校に来てもらい、一緒に図書館で研究授業をしたことがある。彼女が用意してくれたプリントの問題を、グループで解いていくという内容で「ブライユ*」「キバノロ*」……次々と出題される単語が一体何なのかを、本を使って調べていくものだった。書架に向かう生徒たちの喜々とした表情、あうんの呼吸の学校司書と司書教諭が協働で授業を進めて行く楽しさ。「これをやりたかったんだよねぇ」「これが毎日行われる学校図書館が普通に存在するためにはどうしたらいいんだろう？」２人で話し合ったことから、今の活動はスタートした。

その後、福岡県の私立中高校に転職した夫に付いて行くために、Ｒｕｍｉさんは佐世保を去って行った。「学校司書の収入で生活ができれば、こちらに残る選択肢もあるんだけど」と言いながら。

＊ブライユ＝（１８０９～１８５２）フランスの点字開発者。幼時に事故と感染症により失明。盲学校で学び、後に同校の教師となる。12の点と線を使うソノグラフィーを改良し、２行３段の６点からなる点字を考案した。

＊キバノロ＝偶蹄目シカ科。体長75～97センチメートル、体高約50センチメートル。雄の上犬歯が長く、牙状なのでその名がある。この歯は下顎の下方にまで達している。川岸のアシ原や低木地帯に小さな群れをつくってすむ。日中活動性。朝鮮半島、中国に分布する。

それからは、福岡と佐世保を行ったり来たりしながら、学校図書館や公共図書館への学びを深める同志として常に連絡を取り合っている。その間私はずっと長崎県の公立学校教員だったが、Ｒｕｍｉさんは福岡市とその近辺の市を小中学校司書として転々とせねばならなかった。なぜなら「雇止め*」という、知識の蓄積がものをいう仕事におよそ似つかわしくない制度があるからだった。自治体によって、3年、5年、10年と学校司書の雇用期間が定められている場合があり、せっかく年月の積み重ねによって培われたスキルが役に立たなくなる制度だ。Ｒｕｍｉさんは、大学図書館勤務がスタートだったが、小中高校の学校司書を務め、全校種制覇のスーパー学校司書だ。

蛾のおっさんによって、学校図書館の「今」を大勢の人々に知ってもらい、「これから」について読者の皆さんと一緒に考えて行きたい。日本の義務教育における学校図書館が今のままでいいはずがないというのが、蛾のおっさんと私たち2人の共通する認識だ。

信じられないような教育格差が、特に学校図書館において残念ながら存在す

＊雇止め＝多くの場合「学校司書」は自治体の臨時職員として雇用されており、雇用期間は1年から数年の短期間となっていて、雇用契約が切れるとその自治体で仕事をすることはできない。

る。国が「学校司書」を教職員として配置するようにすれば、問題は一挙に解決するのだが。自治体によってまちまちな形で学校図書館のサービスは行われている。そして子どもたちは他に比べるものを持たないので、自分の目の前の全てが普通のことだと思って成長していく。ある子どもにとって、学校図書館は、鍵がかかっているかび臭いつまらない場所かもしれないが、ある子どもにとっては、いつ行っても学校司書や司書教諭がいて、さまざまな好奇心に答えてくれる安心できる場所だ。この正反対の認識が子どもたちに突き付けられている事実を、もっと深刻に受け止めながら、蛾のおっさんと共に学校図書館について考えてみよう。

プロローグ

ある日の放課後、とある公立大規模中学校の学校図書館のカウンターで、私は1人パソコンに向かっていた。国語科の教員で、学年主任で、茶道部と文芸部の掛け持ち顧問で、図書館の運営を切り盛りする司書教諭。おまけに学校司書の配置のない学校だった。つまりは、普通に教員の仕事をこなした上で、学校図書館も運営せよという、およそ人間業とは思えぬミッションを抱える、教員歴35年のおばちゃん先生だ。

それでも、自分が小学生のころから学校図書館が大好きで（そこには学校司書はいなかったが、児童会の図書委員や、たまに司書教諭がいた）放課後は必ずそこに立ち寄り本を借りて帰るという子どもだったので、学校図書館の運営は自分の仕事の中でも「好き」で「楽しい」の度合いMAXだった。こうして短い時間であっても図書館にこもって仕事をするのは、1日の中で最も心癒される時間である。どんなに忙しくても、朝、昼休み、放課後は図書館のカウンターに座ることにしていた。ただし、担当学年の生徒が何かやらかすと、すぐに管理職や生徒指導部から呼び出しがかかり、作りかけの掲示物をほったらかしたまま職員室に急がねばならなかった。

生徒たちにどう対応するかの職員の話し合いを持ち、個々の生徒への事情聴取の分担、聴取結果のすり合わせ、生徒への指導、保護者召喚*。一連の流れに沿って生徒指導を進めて行くと、3日も4日もかかり、図書館はほっておかれたまま。その間、代わりに図書館の仕事をする人員はなく、生徒の図書委員だけで昼休みの開館をさせるわけにもいかず、「閉館中」の札を下げておくしかないという情けない状態を堪え忍んだ。

「あら、もう18時を過ぎている。今日は、この未返却生徒への督促カード印刷が終わるまで、学年で何も起こりませんように」

祈りつつ作業をしていると、

*保護者召喚＝生徒指導用語でよく用いられる保護者呼び出しのこと。

「なははは」と笑い声が聞こえる。

「ん?」

カウンターの上に目を落とすと、全身白タイツで背中に茶色い羽根を付けた蛾が、校長先生くらいの年齢の男性の顔をしていて、私を見ている。

「蛾のおっさんなのだ」

「はい?」

「日本中の学校図書館を見て回っている。世にいう政治の世界の1票の格差とかなんとかもいいが、政治家たちこそ学校図書館の格差にも目を向けるべきではないのか。未来の宝である子どもたちが、生まれた町やたまたま通った学校で、ここまで不利益を被るのは腑に落ちぬのだ」

今月も残業100時間超えの私は、何かの病気の前兆? ついに来る時が来てしまったのか? と目をこすりながらもう一度カウンターの上を見た。

「なぁ、そうは思わんのか?」

やっぱりいる。全身白タイツの蛾のおっさんが。

そうして日本の学校図書館について、２人でしみじみと語り合うことになったのだった。

第1章

悲しい学校図書館を見た

わしは毎週月曜日の朝9時に、ニッポン中の学校図書館を回ってその様子を見ておる。朝1時間目から図書館で授業が行われ、学校司書、司書教諭、学級担任そろい踏みの授業をやっている学校に出会うと、嬉しくて仕方ないのだ。なぜなら子どもたちの目が、週の初めからきらきらしておる。今週もたくさん面白い勉強をするぞ！という意気込みが、明日のニッポンを照らすかのようで、わしは好きなのだ。そんな学校図書館を「ハナマル図書館」と呼んでおる。

しかしな、月曜日から毎日通っても、1週間、結局1回も鍵が開かない学校図書館（バツ図書館）、決まった曜日だけしか鍵が開かない学校図書館（サンカク図書館）もあるのだ。一応わしは次の4つに分けて学校図書館をジャッジしておる。

ハナマル図書館……専任の学校司書がいて、司書教諭や学級担任と常に授業を行っている

マル図書館………専任の学校司書がいるが、授業活用まではまだ行っていない

サンカク図書館……専任ではないが、学校司書がいる(月1回の場合もある)
バツ図書館…………学校司書不在で、担当する教員もいなくて鍵がかかったまま

わしは、ニッポン全国の学校図書館をジャッジしながら、どうすればみんなが「ハナマル図書館」になるのかを常に考えているのだ。公共図書館が近くにない場合は、学校図書館が人生最初に触れる図書館であり、人生最後の図書館でもあるのだからなぁ。学校図書館の役割は大きいのだ。

蛾のおっさんが「悲しい学校図書館」の話を涙ながらに語ってくれた。

1　図書委員だけが頼りです

その1

そこは、バツ図書館で、児童会の図書委員が昼休みの開館を担当する小学校

だった。

春の日差しが暖かい3月初め。教室中から、卒業式の歌の練習が聞こえてくる時期。6年生は児童会を引退し、5年生が学校の中心となって活動を始めていた。5年1組の2人がその日の図書館開館の担当だった。2人とも給食当番で、いつも以上に食べるのが遅い子がいて、食器かごを抱えて給食室に返しに行った後、職員室に図書館の鍵を取りに行ったのが、13時25分。図書館の開館時間は13時15分~45分の30分間だが、すでに10分経過で図書館の前には本を抱えた子どもたちが並んでいた。

息を切らして、4階まで駆け上がり(その学校の図書館は4階の一番隅にあった)

「ごめんなさい、遅くなって」

「早く来てよ!」

「おせーんだよ」

「ずっと待っていたんですよ」

鍵を開けると、カウンターにどっと押し寄せる子どもたち。えっとパソコンを立ち上げて、パスワードなんだっけ？ おろおろする図書委員の2人。

「もう、早くしてよ！」6年生が怒り出す。

たまたま図書館に来ていた6年生の図書委員が、「ほら、替わって」とパスワードを打ち込む。返却のピッ、ピッの音が聞こえ始める。

「使えねえなぁ、5年生は」

しょんぼりする5年生に、本を抱えた6年生が言う。

「このあと6年の学級委員の集まりがあるのに、お前らのせいで遅刻したらオレが怒られるんだぜ」

この学校の司書教諭は、1年生の担任で昼休みもずっと自分の教室にいて、子どもたちの様子を見ているので、図書館に顔を出せるわけがない。今年度が終わろうとするこの時点で、図書館に顔を出したのはわずか1回だ。この学校がある市は、市内すべての小中学校において学校司書未配置で、昼休みだけ児童会や生徒会の図書委員が担当して何とか本の貸出だけを行っている。

これって5年生の図書委員が悪いのか？ わしは違うと思う。せっかく読書をしようとしている子どもたちに対して、学校司書を置けないこの市と、司書教諭の資格があるからといって小学校1年生の担任に担当させる校長や、教育委員会が悪いと思うのだ。

小学校1年生の担任は、昼休みは教室を離れられないから、こうなることはわかっていて、12学級以上の学校だからと機械的に司書教諭発令をしただけなのだ。司書教諭資格を持つのが、この1年担任の先生だけだとするなら、サブで資格は持たないが学校図書館に関わったことのある先生をつければいいのではないか？ 学校図書館の運営を、簡単に考えすぎていることが、わしは悔しい。みんなに苦情を言われたこの5年生の2人に、優しく声をかける大人はその空間にはいなかった。昼休みのみ、児童だけで運営されている学校図書館がいまだに日本中に存在するのを見てわしは悲しくなるのだった。

「あるあるだわ！ 中学生のころ図書委員だった私は、当番に来なかったと叱責され、司書教諭に職員室に呼ばれげんこつを頂戴したことがある。その先生が、昼休みに図書館に来ることは1度もなかったけど。もう、45年くらい前の話なのに、同じ状況が続いていることに言葉を失くすわ」

「まさかこんな学校図書館がいまだに存在するとは、ハナマル図書館で育った子どもたちや先生たちは思いもしないだろうな。しかし全国を回っているわしに言わせれば、残念ながらあるのだ」

その2

そこは、新年度にサンカク図書館からバツ図書館に変わったばかりの中学校だった。図書委員長のマユさんは、責任感溢れる3年生女子。3月までは、週に3日やって来る学校司書と、毎日、朝・昼・放課後に図書館にいる司書教諭がいた。マユさんは司書教諭と常に話をしながら、学校図書館の運営に携わってきた。「生徒の立場でどう思う?」と司書教諭に相談を持ち掛けられることも多く、図書委員長の仕事に誇りを持っており、その仕事が大好きだった。週に3日だったが学校司書が来ると、司書教諭は楽しそうに授業の打ち合わせをしていた。

ところが、市の方針で4月から学校司書は、配置したことのない他の学校に回されることになり、マユさんの中学校への配置がなくなった。おまけに司書教諭は事情があって「早期退職」をしてしまい、図書委員長のマユさんが1人で学校図書館を切り盛りすることになった。新しい司書教諭はどの先生なのか、生徒であるマユさんには、よくわからない。とりあえず、2、3年生の進級処理と新1年生の登録と図書カード作りをせねばならぬことは、マユさんにはよ～くわかっていた。

【レッスン2】

進級処理とは、新年度は学年と学級が変わるので、新名簿をいち早く手に入れ、学校図書館のシステム上で児童生徒のデータを更新すること。校務支援システム*と連動すればパソコン上で簡単に処理できるが、実際には慌ただしい新年度準備の中、各学級担任の校務支援システムへの名簿入力は後回しになり、5月中旬ごろ取りかかることもある。結局、学校司書や司書教諭が手作業で進級処理を行うことになり、私の場合はパソコンの得

＊校務支援システム＝学校において児童生徒の学籍管理や成績処理を始めとする様々な業務を一元的に処理することのできるシステム。いろいろな業者がそのシステムを開発している。

意な若手国語科教員に手伝ってもらって20時間ほどかかったこともあった。大規模校になればなるほど諸事情も増え大変な作業となるのだった。しかしこれを行わなければ新年度の貸出が出来ず、夏休み前にやっと進級処理が完了し貸出を始める学校もあった。

そこでマユさんは、部活動で訪れた春休み中の4月初めの職員室で、元担任の先生に、

「新しい司書教諭はどの先生か教えてください！」

と、お願いをした。

「ん？何だ、その司書教諭って？」

「前いらっしゃったヤマガミ先生のような、図書館の担当をする先生です」

「ああ、何か資格がいるらしくて、その資格を持った先生が3人いてだれがするかが決まらないみたいだぞ」

「早く決めてもらわないと、始業式から本の貸出をしたいんです。そのためには、進級処理をしてもらわないといけなくて」

「まあな、3人ともヤマガミ先生みたいな図書館の専門家の先生ではなさそうだからな」

実は、マユさんは3月末にヤマガミ先生から言われていたのだ。

「マユさん、ごめんね。私の後の司書教諭がなかなか決まらないらしいの。4月になって新学期がスタートして進級処理が遅れたり、新1年生の図書カードの登録準備が遅れて本の貸出が始められなくても、あなたが悪いんじゃないから。全部大人のせいだから。私もできる限りのことはやってみたけど、正直言って心配してる。校長先生にお願いをしているから考えてくださるといいのだけれど」

わしがその学校に行った、4月第3週の月曜朝9時。そのマユさんがカウンターにうつぶせて泣いていたのだ。さめざめと。

「どうしたのだ?」

「みんなから、図書館はいつ開くのか? 貸出はいつからなんだ? と言われて。やっと決まった新しい司書教諭の先生が、進級処理ができて開館ができると言った約束の日が今日なのに。さっき職員室に行ったら、そうだった? 私も転勤してきたばかりで忙しいのよね。あと1週間待ってってって」

「先週の全校朝会で、みんなの前で今日から開館しますって言ったのに。待ってるみんなに申し訳なくて。それに、私が嘘をついたことになるのがつらくって」

授業が始まっている時間に、図書館で1人泣いているマユさんに誰も気づかず、声をかけることもないのが、大規模校と言われる学校なのだ。学校が大きくなればなるほど、教員はいつも人手不足で、その影響を受けるのは教員代わりに働く責任感の強い生徒なのであった。生徒がどれだけ図書館の開館を待っておるかを、教員自身がわかっておらんのだ。前任の司書教諭に頼まれた校長も、もう少し真剣に考えるべきではなかったのか。こういう大事なことが、図書委員長というひとりの生徒のせいになってしまうようなことは断固として避けて欲しい。わしは、このマユさんの涙をもっと大事に考えるべきだと思ったのだ。というか、学校図書館という「知の拠点」を、生徒任せにしていいのか？校長も、教育委員会*ももっと実態を知るべきではないのか？

＊教育委員会＝都道府県や市区町村に設置される合議制の執行機関。生涯学習、教育、文化、スポーツ等幅広い教育施策を司る。役所の職員と教育現場から異動してきた教員がおり、ここでは教員が主な構成メンバーとなる学校教育課を指している。

「教員自体が学校図書館を知らないということが、1つの問題なの。大学で教員免許を取ろうとする学生に、学校図書館についての講義は全くないから。司書教諭資格を取る学生だけが5科目10単位の講義を受けるの」

「大学の教員養成の課程から考えるべきだなぁ」

「ほんと、そこが大事な気がするわ。蛾のおっさん、よくわかっているわね」

「ちょっと学校図書館のことを齧《かじ》れば、誰でも思うことだ」

2　ダイホンバンとは何ぞや？

爽やかな風が学校図書館を通りぬける5月。とある小学校に風に乗ってパタパタと窓から入ったわしは、そこで衝撃的なものを見てしまった！　板の厚みのところに学年、組、氏名が書いてあって、それが学校図書館の棚にいくつもいくつも本のふりして差し込んである。

「なんなんだ、これは？」

書架中に子どもたちの名前が広がっておるのだ。それも読み物の9類の書架は、本よりも名前の板の方が多いのだ。

カウンターでパソコンとにらめっこしながら、「としょかん通信」*を作っていた学校司書に聞いてみた。

「書架に刺さっている板は何なのか、お聞きしたいのだが」

「代本板っていうんです」

「ダイホンバン？？？」

「はい。自分が借りている本の代わりにその板を入れておくと、返すときの目印になって、元の場所にきちんと返せるという、昔の仕組みなんです」

「待て！ということは、1人1冊しか本を借りることはできぬのか？」

「はい、そうです。せめて3冊くらい貸してあげたいと思って。でも、私は週に2日しかこの学校にいない司書なので、あんまり強いことは言えなくて」

「司書教諭の先生は、代本板は図書館が子どもたちの居場所であることを示す素敵な道具なのだとおっしゃって。自分の名前を書いた代本板が、学校図書館の書架にあることは、自分の存在を示すことになるのだからって」

「果たしてそうなのか？」


*としょかん通信＝学校図書館の様子を知らせる、保護者や児童生徒または教員向けの「図書館だより」のこと。

「う〜ん、なんとも言えませんが……。それでも、やっぱり3冊くらいは貸したくて。特に低学年は絵本を借りるので、1冊では物足りないって話をしたら、司書教諭の先生がだったらこうしましょう！って」

「なんかいいアイデアがあったのだな」

「借りようと思った本の、左右の1冊ずつまで借りることをＯＫするから、それで3冊貸し出せると」

パタパタとわしはカウンターから床に落ちてしまった。

「いやはや、画期的な発想ではあるが、そういう問題ではない気がする。読みたいお話の本と、恐竜図鑑と、歴史まんがが3冊並んで同じ書架に置いてあるはずはない」

「でも、今はそのルールで3冊まで貸出しています」

そんな不思議なルールも、「学校図書館あるある」だったりするのは、司書教諭や図書館担当者の勉強不足が原因ではなかろうか。２０１８年2月末現在で、Twitter の蛾のおっさんアカウントによる代本板使用状況アンケートでは、小学校76票中使用している17%、使用していたが廃止した40%、元々使用していない43%という結果が出た。

中学校は34票中使用している3%、元々使用していない91%、使用していたが廃止した6%であった。小学校においてはまだ現役の代本板があることに驚いたのだった。中には、2冊貸し出すために児童1人に2つの代本板を与えているところもあるという。ただ、そうすると、本を返すとき2冊のうちのどっちがどっちの本の元の場所だったかわからなくなる。

そこで、2つ目の代本板は名前を書いていないそうだ。自分の名前を書いていない代本板には、細い紙切れに借りた本の題名を書いて背の部分に付いているビニールポケットに差し込んで書架に戻すという方法を取る小学校もあるという。こんなに手間がかかる方法では、本を借りるということが苦痛になる子もいるのではないか？ 先生に連れられて図書館に行く「図書の時間」は本を借りても、自分から借りようとは思わないのではないか？ 他の町の小学校では、カウンターに借りたい本を持って行き、バーコードリーダーで学校司書が「ピッ」とやってくれて手続き完了。返すときも「ピッ」で、本は学校司書が書架に戻すという簡単な仕組みなのに。今の時代に、こんな昭和な学校図書館があるということを、どう考えればよいのだろうか。そしてそんな学校図書館しか知らない子どもたちは、あんな面倒な手続きをするくらいなら、本は借りないよ！と大人になっても公共図書館に行くことはないのではなかろうか。わしは悲しい。

「夏休み期間中に、学校図書館に関するさまざまな研修会が開かれるのだけど、みんないろんな学校内の仕事を担当していて、行けなかったりするし。自分の学校の図書館を使わない教員は、公共図書館も使わないから、図書館の何たるかがわからない。また小学校では全教科を担当するので、図書館担当も誰にでもできると思われがちで、毎年のように担当教員が変わるの。11学級以下の学校では、司書教諭を置かなくてもいいわけで、司書教諭資格を持った教員に別の校務分掌を担当させることも多くてね。学校図書館について何の知識もない教員、新任でその日をすごすのに精いっぱいの教員が図書館担当に割り当てられることも多いのよ」

「ということは、すべての先生たちへの学校図書館研修というのも必要なのか？」

「いいとこ突くわね、蛾のおっさん。その通りよ！　しかし、すべての先生たちに学校図書館についてもっと知って欲しい気持ちは大いにあるけれど、みんな他の仕事が多すぎていっぱいいっぱいになっているということもわかっていて、トホホなの」

「各学校で、図書館研修をやるのはどうだ？」

「今のブラックと言われる忙しい学校では、いくら提案しても学校図書館研修をやる時間は取ってもらえなくてね。かなり発言権のある、おばちゃん先生の私の提案でも通らなかった。他に研修が多すぎてね。外部講師を呼んでの授業改善の研修を、校内で定期的に行ったりもするから」

「学校図書館の重要性を、現場の先生たちに伝える手立ても必要だな」

3　子どもは外で遊びましょう

とある小学校の、読書好きの小学3年生ナオトくんの話だ。

昼休みの学校図書館に、その子は毎日息せき切ってかけ込んできた。昼休みが始まって、毎日きっかり10分後にやって来る。どうして開館してすぐに来ないのだ？　その謎はすぐに解けた。

その学校も、週に1日勤務で5校兼務の学校司書がいるのだが、毎週はぁはぁ息を切らしてかけ込む男の子が気になって、担任に聞いたらしい。ナオトくんの図書館への駆け込み方は、他の4校にはなかったからと。そうしたら、まぁ、なんということでしょう！　その学校の3年生には「昼休みは外で元気に遊ぶ」というきまりがあり、雨でない限りは外に出ることになっていたのだ。

図書館大好きの彼を思って、担任の先生が学年主任に相談したけれど、学年の和を乱すのは困るという回答だったと。学年主任の究極の提案として、とにかく昼休みが始まって10分は校庭に出ることを義務付けられたそうだ。で、彼は、給食が終わると運動靴に履き替えて、じっと走り回る子どもたちを眺め、校舎の時計とにらめっこして、9分過ぎたときに靴箱にダッシュ。上履きにはきかえて、図書館に駆け込むのだった。外に出るときから返す本は胸に抱えたままで、それをカウンターに返却して、猛烈なスピードで読みたい本を探し、借りる手続きをしてから読み始めるのだという。わしは切なかった。どうして昼休みに毎日図書館ですごしてはいかんのだ？

その学校司書も、自分が毎日その学校にいる司書だったら、もっと意見できるのですがと残念そうだった。小学生のころからきまりに縛られているニッポンって一体？　とわしは思うのだ。

「きまりごとがあるからには、一人の例外を認めるとなし崩しになるというのが学校理論。休み時間くらい自由にさせようと思っても、学年で決めたことは守らせるのが教育なのだと言われるの。そういう学校文化の窮屈なところが苦手なのよね、私も」

「昼休みは、子どもたち一人ひとりが自分で考えて行動するのも大事ではないのか？」

「私もそう思うわ。でもね、学校や学年で一つの方針が決まったら、それがどんなにおかしなことでも、学級担任は従うしかないのよ。目の前の一人ひとりの子どもたちのことを考えると、そのきまりは辛いなぁと思っても。学校の和を乱しては、統率が取れなくなるから」

「なんか苦しい世界なんだなぁ、学校って。子どもたちもさぞや辛かろう」

「蛾のおっさん、私嬉しいわ。同じ考えを持つ教員って、あんまりいないから。同じ目線で話せると、私の考えってヘンではないんだとほっとするわ」

第2章
楽しい学校図書館を見た

そんな悲しい学校図書館がある一方、同じニッポンにはこんなに楽しい学校図書館もあるのだ。そういう学校図書館での子どもたちの様子を見ると、わしはほんとうに嬉しくなる。

1　ポプラディアでの調べ方の学習

月曜日、朝9時。その小学校では、図書館での授業が始まっていた。グループごとにテーブルに並んだカラフルな総合百科事典「ポプラディア*」で、調べ方の学習が行われていた。「では、みなさん、配られたプリントのことばについて、みんなで力を合わせて、調べてみましょう」

出版社からやってきた、長身の優しそうなおじさん（わしのようなおっさんではない）が、声をかける。「『緊急地震速報』を調べるには、つめの『き』のところで、はしらはえっと」小学4年生が百科事典のつめだとか、はしらだとか言いながらポプラディアを開いていた。

「あった！」何とも嬉しそうな得意げな顔をして、プリントに書き込む子ど

＊ポプラ社が発行する児童向けの百科辞典（新訂版）総合百科事典「ポプラディア」全12巻（ポプラ社）

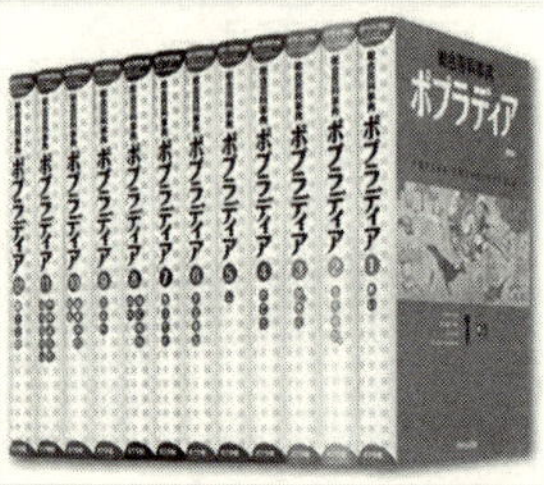

もたち。探しきれずにいる子どもに、「知ることをあきらめちゃいけないよ」とおじさんは声をかけていく。学級担任と、学校司書も子どもたちの中に入ってサポートする。普段の授業では、「先生の話を聞かないからわからないのでしょう！」とよく叱られる落ち着きのないひとみちゃんの横に座った担任の先生が、一緒に事典のページをめくる。

「えーっと、き、き『き』のところを見ればいいのよね」「緊急地震速報」という調べていた目的の単語をすっかり忘れて、「わー、先生、キリンだ！私ね、この前動物園に行ったとき見たよ。目がおっきくて優しいんだよね」別のページに気を取られ、目を輝かす彼女を見て、先生はちょっと反省した。「ひとみちゃんは、いろんなものに興味がありすぎて、目標にたどり着けなくなるのね。でもこの好奇心は、大事にしてあげなければいけないわね」と。

普段の授業では、見えなかったことが、40人の児童に3人の大人が付いたことで見えてきた。自分が教えるよりも教えられる側に近い位置にいて見えてくるものがあるのだと、担任の先生は学んだのだった。

「図書館には人類の英知が集まっていて、それを使うためのルールを知るこ

とで、人は調べ、知り、生きる力をつけて行くのだよ」出版社のおじさんは、そうみんなに語りかけていた。

「そういうゲスト講師の授業って、よいな。子どもたちに図書館で百科事典を使わせたいと学校司書に話したら、こうして出版社の方を呼ぶ授業の企画を立て、あっという間に実行してくれたことに心から感謝していると担任が話してくれた。これからは、わからないことがあれば、そのままにしないで学校図書館に調べに来るという、そんな子どもたちを育てようと決意を新たにしたという」

「ああ、そのゲスト講師知ってる！私も大人向けの授業を受けたことがあって、調べ方についてしっかり学ぶことができ勉強になったわ。これを学ぶと子どもたちは変わるだろうと確信した授業だった」

「わしも、はい、調べなさいではなく、まずは調べ方を教えるべきだと思った。ときどき、子どもたちは百科事典で調べているが、先生はテストの○付けをしておるとか、何か難しい顔をして文章を書いておる光景を見る。学校司書がいればまだ質問はできるが、配置されていない学校では、子どもたちは質問せずに自分たちでピント外れのことを必死に書き写しておってな。おまけに使っている事典も古くて、数も少ない。かわいそうな場面にけっこう遭遇する」

「残念ながら、それもあるあるだわ。先生たち自身が調べ方をよく知らず、事典や図鑑を丸写ししている児童生徒に対して、適切なアドバイスができない。というか、自分の急ぎの仕事をするときに使う手が、図書館での調べ学習だったりするのよね」

「先生って、事務処理をする時間が勤務時間内に確保されていないから、そうなってしまうのかもしれないな。なんともゆゆしき問題であるな。子どもたちにはどうにもできぬしなぁ」

2　アメリカでの話

蛾のおっさんであるわしは、ドラえもんのどこでもドアと同じ働きをする「モスドア」*を使って、海外にも一瞬にして移動できるのだ（これは内緒だが）。

*モスドア＝蛾のおっさんによると、世界中の蛾は図書館の書架の隅にある秘密のドア「モス（英語で蛾を表す）ドア」を使って瞬時に世界中を行き来できるという。

世界中どこの図書館にも、書架の裏側にこの「モスドア」がついている。この前ちょっと、図書館先進国と言われるアメリカの、ニューヨークはマンハッタンの小学校に行ってみた。

そこの学校図書館はその時間は、授業が行われていなかった。専任司書教諭*（ティーチャー・ライブラリアン）がカウンターで仕事をしているところに、2人の児童がやってきた。「今、社会科の授業で日本について勉強しているんだけど、日本茶ってダイエット効果があるとマイケルが言うの。ぼくのお母さんはやせるために日本茶を飲んでるぞって。私はそんなことないと思うんだけど。それで調べにきました」

「はい、これが担任の先生からの、今すぐ調べていいという許可証です」。アイスキャンデーの棒みたいなものを、ティーチャー・ライブラリアンに手渡した。「それじゃあ一緒に本を探しましょう」

わしはまずこのシステムに驚いた。教室での授業中に何か疑問が湧いたら、「あとで調べておきなさい」ではなく即刻図書館に調べに行かせる。それもアイスキャンデーの棒のようなもの1本を許可証として。子どもの知りたい気持

＊専任司書教諭＝教科の授業や担任を持たずいつも学校図書館にいて、その運営を行い図書館に来た児童生徒に調べ学習のサポートや、様々な教科の教員と一緒に授業を行う司書教諭のこと。１９６０年代に、東京の都立高校全校に専任司書教諭が配置されていたことがある。

ちをこんな風に大事にできるのは、嬉しいことだとわしは感動した。

ティーチャー・ライブラリアンと2人の児童はいろんな本にあたりながら、「あった！　日本茶にはカテキンというのが入っていて、それが脂肪の吸収を抑える。ミネラルも入っていて、整腸作用があり便秘を解消する」「ということは、太らないためによいことが2つあってそれがダイエットにつながるんだ」とガッツポーズ。教室に戻るまでに忘れないようにと要点をメモして、きちんと何という本に載っていたかも書きつけていた。

「マイケルの言うことがあってたんだね。マイケル喜ぶよ。先生ありがとう」と2人の児童は、喜々として教室へ戻っていった。その間10分未満。自分で調べたことはきっと忘れないだろうし、こうして調べることが身について、生きる力をつけて行くのだなと。これはニッポンでも取り入れたい方法だとわしは思う。しかしこれは、専門職員がいつも学校図書館にいなければ、難しいのだ。

「ああ、わかるなぁ、その場面。私も国語の授業中に、生徒がボソッとつぶやいたことを、今すぐ調べられたらいいのにと思うことがよくあって。でも、後で調べておいてねで終わってしまい、それっきりということが多かった。たまに、この前の疑問を調べたらこうでしたと次の授業で話しかけてくる生徒がいると、嬉しいものよ。さっそくそれを生徒たちに紹介して、知識を増やしていくことができる。でも本当は、授業の中でそれが解決できる仕組みが必要だと、アメリカの例を知って考えさせられたわ」

「そうだな。今知りたいことは、今調べる。時間が経つと、もういいやと思ってしまうことは、わしにも多いのでよくわかるな」

3　ブックトークの取り入れ方

とある九州の公立中学校に行ってみた。そこも学校司書が毎日いる学校で、わしが行くとちょうど国語の授業が行われていた。松尾芭蕉の『奥の細道』*を学ぶ前に、学校司書が「10分で学ぶ奥の細道」というテーマで、ブックトーク*をしておった。何でも、学習に入る前の導入部分で、まずは生徒の興味や関心を引き付けるためだそうだ。芭蕉のたどった距離に、九州の地図を入れ込んだ

＊奥の細道＝1702年に刊行された俳人松尾芭蕉が書いた紀行文。多数の俳句と共に奥州・北陸地方の旅が描かれている。（上野洋三・櫻井武次郎校注　岩波文庫）

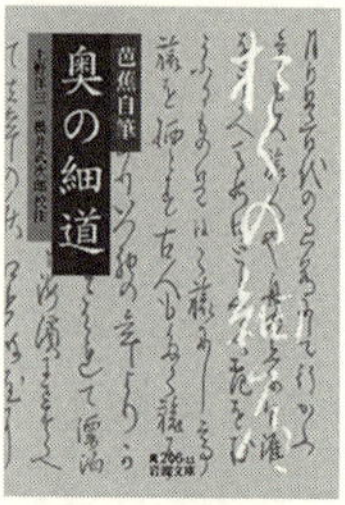

パワーポイントには、「おおっ」と生徒の歓声が上がっておった。「九州より広い範囲を歩いたんだ！」次に紹介したのが、江戸時代の旅支度のコンパクトさ。「2泊3日の修学旅行でさえ、大きなキャリーバックを引いて行くあなたたちと、芭蕉の荷物を比べてみましょう」よく見る芭蕉と弟子の曾良の絵は、ほんの小さな荷物しか持っていない。曾良が下げている頭陀袋《ずだぶくろ》や矢立《やたて》の説明を、市立図書館から借りた本の写真を拡大して生徒に見せる。

なぜ芭蕉が東北の旅に行きたかったのか、次々に紹介される本に食いついていた生徒たち。その後、国語科教員とバトンタッチして、本文に入ってゆくが、どの生徒も目を輝かせている。「古典なんて、だるいだけ」「何で昔の人の書いたものを勉強するんですか？」なんていう中学生が多い中、導入のやり方次第で、こんなにも生徒たちは充実した学習ができるのだ。ノートに本文を視写*し た後、全員で音読*する姿は、維新の志士たちの勉学の場のようなきりっとした空気が漂っておった。

「『はい、教科書○ページを開いて。今日から『奥の細道』をやる。奥の細道

＊ブックトーク＝数冊の本をテーマに沿って関連付けて紹介する、本のコマーシャルのようなもの。

＊視写＝学校教育で，手本とするものを見て書き写すこと。

＊音読＝声を出して読むこと。

とは…』で始める授業と比較して、どれだけ生徒の心に響くかは言わずもがなである。ここの学校司書に聞くと、こうした協働授業*はよくあるそうで、文学作品の学習の後は、同じ著者や同じカテゴリーの作品をブックトークで紹介して、発展的な読みに導くという。いいなぁ、こんな授業をわしも受けてみたかった」

「それそれ！　学校司書との協働授業、私も1年間だけ経験したことがあるけど、本当に生徒の食いつきが違うのよね。これは！　という単元の時には、ぜひともそういう導入をしたり、まとめで学習を発展させたり、生徒たちの興味の広がりや深まりに確実に結び付いたわ」

「ここで学校司書が見せた資料、本や写真のことをリソース（教材）というのじゃな。たくさんあれば、特に古典の学習の理解が深まるな」

「昔はね、有職故実《ゆうそくこじつ》（昔のしきたりや服装など）の掛け図が教具室にあって、重たいそれを各教室に運びながら古典の授業をしたわ。教具室って今や不要物置き場と化しているけど」

「ユウソクコジツとは、これまた初めて聞く単語だ。何か勉強になるぞ」

＊協働授業＝一つの授業を複数の指導者が協力して行うこと。ここでは教科の教員と学校司書が協力した授業を意味する。

「昔の様子を時代別や作品別にまとめたビデオは、放送室に置いてあってね。古典の授業のために、あちこちの教室をまわらないと資料が見つからなかった」

「そういう授業関連の資料も図書館にまとめておくとよいと思うのだが」

「蛾のおっさん、正解だわ！　海外の学校ではそうなっているところが多くて、教員が授業でどれを使うかを学校司書に相談していたわ。学校図書館には「教材センター」としての役割もあるはずなのに」

「ニッポンの学校図書館は、先生たちの授業をサポートするためにもまだまだ工夫が必要なのだな。そしてそこには専門の職員が必要なのだ！」

4　すてきなおはなし会

東北のとある小学校をのぞいてみた。「としょのじかん」で小学1年生に対するおはなし会。「とんとんとんとんひげじいさん」歌いながらの手遊びから始まって、軍手人形を使ったおはなしとストーリーテリング*。何も道具を使わないストーリーテリングも、興味津々で集中して聞いている。学校司書にはこ

*ストーリーテリング＝素話（すばなし）＝話し手が覚えている物語を、聞き手に語って聞かせること。

れらのスキルの高さが、ピカイチな人もいる。わしも思わず話に入り込んで、聞き耳を立ててしまった。人類が始まってしばらくしたあたりから、こうやって物語を語る人は注目されていた。デジタルネイティブの子どもたちだって、こうして耳を澄ませてじっと話者を見つめながら、その向こうの物語の情景の中に入り込んでいくことができるのだ。低学年の子どもたちには、特に大事に守ってあげたい時間であり、これも学校司書がいればこその体験となる。地域によっては図書館ボランティアのお母さんたちがこれを担ってくれることもあるが、学校司書がいると、より子どもたちのニーズをつかんだ話や絵本の選択ができるのは間違いない。

話に聞き入る子どもたち、絵本に見入る子どもたちの表情を見ていると、わしも幸せな気分になる。人間の声で伝えるぬくもりのある空間は、小学校低学年にはとにかく大事だと思うのだ。

「そうそう、低学年には特にストーリーテリングを体験させたい。私たち人類の中には、耳でお話を聞きながら、頭の中で情景を描き、風やにおいを感じる機能が残っていると思うの。それを体験すると、見えないものにも心を向ける気持ちが育ってくる気がするわ」

「どこかの学校では、なんかアニが何とかというのをやっておったのを見たことがあるのだが」

「ああ、アニマシオン*ね！ スペイン語でアニマは魂を意味するの。本を通して魂を揺さぶるような楽しい体験をしかけ、子どもたちを引き込んでいく。ゲーム感覚で楽しめて、気づいたら本が大好きになっている」

「そういうのも学校司書が率先してやっていて、子どもたちは本当に楽しそうだったな」

「そういう子どもと本をつなぐ手段を、学校司書はたくさん知っているのよ。だから学校司書が常にいる学校では、子どもたちが生き生きと活動をしている感じがするわ」

＊アニマシオン＝スペインのジャーナリストであるモンセラ・サルト（Montserrat Sarto １９１９〜２００９）が、子どもたちに読書の楽しさを伝えるとともに読む力を引き出すために１９７０年代から開発した、グループ参加型の読書指導メソッド。始まりは、フランス、イタリアからといわれている。

5　心落ち着く居場所

朝の中学校、学校司書の勤務時間はその学校では8時30分からだが、司書教諭が7時45分から図書館を開けておった。

「おはよう、先生、ここで宿題していいですか?」

「あと25分しかないのに間に合うの?」

「余裕っすよ」

わざわざカウンターに椅子を持って来て、司書教諭のそばで宿題をする生徒。

「先生、朝から兄貴とケンカしてむかついた」「先生、学校に来る途中に転んでひざを擦りむいたんですけど、救急絆創膏ありますか?」「先生、教材費持って来るの忘れた」なぜだか次々に生徒が駆け込んでくる図書館のカウンター。1日のスタートがここに立ち寄ることで円滑にいくらしい。司書教諭の先生は、保健室でもないのに救急絆創膏を出したり、生徒たちにうまく対応している。

生徒たちにとって時として学校は、緊張の連続で気の休まる時がなく、コンクリートの四角い牢獄に閉じ込められた気分を味わう場所となる。中学生の不登校は文科省調べで2017年には約11万人。不登校予備軍は日本財団の試算で2018年に1万人という驚くべき数字が出ておる。しょっちゅう学校を見ているわしには、納得できる数字でもある。そんな生徒たちの気持ちを和ませる場としての役割も学校図書館は担っているのだ。

「わかるわ、それ。私の学校でも、昼休みになると居場所を求めてやって来て、ちょっと様子を伺いながら少しずつ私に話しかける回数が増えて来る生徒たちがいるから。それにカウンターという装置が、不思議な雰囲気を醸し出すの。カランカランとカウベルの音と共にドアを開け、バーのカウンターに座り、『いつものやつを』と言うだけでバーテンダーがすっとグラスを置く。そんなイメージがカウンターにはあるようで、常連の生徒たちはわざと『ぼくが予約しているあの本、来てますか?』なんて言うのよね。『ごめん、予約の本の名前を言ってくれる?』というとがっかりしたように、『ぼくの予約本が何か、覚えていないんですか?』と言われたりして。『いやいや、予約数が多いから覚えられないよ』と答えるのだけれど。その現象って男子に多いのよね。おかしいでしょう。カウンター現象と名付けたいくらいどこの学校に異動してもあるあるなの」

「わしもなんかその気持ちはわかる気がするな」

「よく養護教諭が、この学校に転勤してきて、昼休みに保健室に来る生徒が少ないのはどうしてだろうと思っていたけど、こんな居心地のいい感じの図書館があるからねって言ってた。授業中に不調を訴えてしょっちゅう保健室に来る生徒たちが、昼休みはここであんなに楽しそうにしているから、養護教諭として図書館に感謝してるのよって」

6　学校図書館にカフェだって作れる

神奈川県のとある高校では、週に1回昼休みにカフェが開かれる。飲み物、スープ、お菓子が無料でふるまわれ、NPOとボランティアがそれを支える。そこにスクールカウンセラー*がいて、ギターを弾いたり歌を歌ったりしながら生徒たちの様子を見守っている。カウンセラー室という校内の小さな一室のド

＊スクールカウンセラー＝教育機関において、心理相談業務に従事する心理職専門家の職業名。2001年より本格的に制度化され、2008年には全公立学校への配置・派遣が進められている。

アをノックして、顔も見たことのない大人にいきなり悩みを相談するというのはハードルが高すぎる。もっと開かれた場所で、気軽に相談に乗ることはできないのかと校内を回ってカウンセラーが見つけたのが、図書館だった。

　ロック好きの学校司書と意気投合し、昼休みに学校図書館にカウンセラーがいることからこの取組は始まった。この学校は中学校までの学習につまずいたり、様々な厳しい背景を抱えた生徒を積極的に受け入れる「クリエイティブスクール」*で、いままで信頼できる大人を身近に持てなかった生徒もいるのだという。そんな生徒たちの心を少しずつ解きほぐしながらの今があるのだ。「信頼貯金」を少しずつ貯めて行くのだと聞いたのだ。わしが行った日は、ちょうどクリスマスと終業式が重なった日で、朝からボランティアさんが調理室でシチューを作りご飯を炊いていた。野菜も地元農家の寄付で賄われ、美味しそうなシチューがいくつもの大鍋に準備された。クリスマスパーティをするには図書館は手狭であり、特別に社会科室を借りてのイベントとなっていた。シチューかけご飯をほおばり、ジュースを飲んで、友人たちのバンド演奏やパフォーマンスを楽しむ生徒たちと教員の笑顔溢れる会だった。

＊クリエイティブスクール＝神奈川県の県立高校教育改革の一環。中学生までに持てる力を十分発揮できなかった生徒に対し、入試の際は試験も内申もなく不登校でも入り易く、「社会実践力」を育むことを目的とした学校。

週1回のカフェのために、クラウドファンディング*を使って寄付を集め、ジュースやお菓子を準備する大人たち。ボードゲームや話し相手をしてくれる大人たち。ここから深刻な悩みがうまく解決に至ったことも多々あるという。学校図書館という場を、こんな交流の場とすることに違和感を持つ人もいたはずだが、学校司書が間に立ってうまく調整し、乗り切ったのだ。すべては生徒のためであるから。居場所を見つけた生徒たちは、ここで大人への信頼を回復し、卒業後について真剣に考えるのだった。大学生がインターンとして会社での仕事を体験するように、高校生たちはバイターン*と呼ばれるアルバイト体験で自信をつけて行く。そのバイターンの体験や悩みを気軽にカウンセラーに話して共有し、就職への心構えを身に付けていく支えの場所になっておる。学校司書がいつもいることで、生徒たちの未来は、こんな風に広がるのだ。

「いいわねぇ、こういう取組。私も昼休みの学校図書館で、寄贈してもらった『世界の車窓から』のＤＶＤや癒しの音楽を流したりして、居心地の良さを演出したり、できる工夫をしているわ。でも、大勢の生徒が来るようになると、

＊クラウドファンディング＝不特定多数の人が通常インターネット経由で他の人々や組織に財源の提供や協力などを行うこと。

＊バイターン＝アルバイトとインターンを組み合わせた働き方で、ＮＰＯ法人パノラマが始めた。３日間職業体験として無給で働き、その後続けられそうならアルバイトとして契約。高校卒業後には、正社員として働くことを目指すプロジェクト。

見守る大人が複数必要になる。生徒指導部の校内パトロールで必ず寄ってもらったり、学年の図書館担当の先生にヘルプをお願いしたり。そうやってまずは今いる学校内の、何人もの大人が生徒に関わることから始めているのよ」

「わしが全国の学校を見て行く中で、先生の数が明らかに足りていないと思うことが多いのだ。まずは先生の数を増やすことと、そして学校に来てくれる外部の大人たちとうまく連携していくことが必要だと思うのだ」

「その通りだわ！　そしてそんな外部の人たちがいてもちっとも不思議ではないのが、学校図書館という場所だと思うの」

【レッスン3】

都道府県立高校に正規の学校司書がすべて置かれている都道府県は、悲しいかな少ない。神奈川、埼玉、鳥取などきちんと正規の学校司書を置き、また県立図書館と人事交流する場合もあると、その仕事の幅が広がる。司書職としての採用ではなく、事務職や実習助手*としての採用もあり、いつ

＊実習助手＝主に高等学校において、実験又は実習について教諭の職務を助ける学校職員。職業高校に多く任用されるが、普通科の場合は理科の実験や家庭科実習の補助として置かれている。職務の中に図書館業務の補助もある。

の間にか図書館の仕事ができなくなったという事例もある。長崎県の場合、2018年末現在、正規の学校司書はゼロである。ようやく県内10校に非正規の学校司書を置く取り組みが始まっているところだ。他の都道府県においても、正規の学校司書の定年退職後に補充をせず、非正規でまかなうことも増えている。また外部業者に委託する例が、東京都から始まっているのはゆゆしき問題だ。

第3章

なぜこうなったかを考えるのだ

どうして国内の各自治体でかくも学校図書館のあり方が違うのか？　その始まりからをたどりながら、おばちゃん先生は、蛾のおっさんと一緒に考えてみた。まずは蛾のおっさんの「学校図書館の歴史」の講義を聞いてみよう。それは明治時代にさかのぼったところから始まるのだった。

1　学校図書館のたまご期

学制*が施行された1872（明治5）年欧米を歴訪したお役人たちは、日本に戻って、とりあえず小学校には図書館らしきものを作る指示を出していた。なぜなら視察先の学校には、どこも本をたくさん置いた図書館があったからだ。しかし日本の場合は、ちょっとした授業に必要な資料や、図書、教材を置く部屋としてのもので、そこに子どもたちが入って本を読んだり、調べ物をしたりという発想はなかった。無念なことに、それから第二次世界大戦が終わる1945（昭和20）年までの73年間、つまり明治、大正、昭和初期と3つの時代を経ても、学校図書館が機能することはなかったのだ。

＊学制＝1872年太政官より発された日本最初の近代的学校制度を定めた教育法令。

「ちょっと待って！　どうしてとりあえず図書を置く部屋はあったのに、学校図書館は機能しなかったのかしら？」

「それはだな、当時の日本の教育は国のために動く統制された人間、ま、言われたことをやる人間だな、を養成することが重要だったからじゃ。自分で本を読み、調べて考えるなどという不届き者は必要ないばかりか、はっきり言って邪魔だったのだ。だから本を読むという行為そのものが、感心できないことであり、本を置いている場所に子どもを入れるなどという発想はなかったのだ」

「え〜、なんだか残念な発想だわ。岩倉具視《いわくらともみ》＊をはじめとする欧米使節団って2年にわたって欧米を見て回ったんでしょう？　まぁ、使節団にとって「教育」を学ぶことはたくさんの目的の中の、ほんの小さな部分だったのでしょうけどね。ヨーロッパはどこの国を回ったのかしら？」

「イギリス、フランス、ベルギー、オランダ、ドイツ、デンマーク、スウェーデン、イタリア、オーストリア、スイスそしてロシアの11か国だ」

「私もその半分の国はまわったわ。どの国も日本に比べたら教育の自由度が高いと思うけど。残念ながら「国のために動く人間」を育成するという目的で

＊岩倉具視（1825年〜1883年）＝日本の公家（朝廷に使える貴族）、政治家。

見ると、自由度の高い部分は、見ないことにするしかなかったのね。私も蛾のおっさんとモスドアを使って、また海外の学校図書館や公共図書館をまわりたいなぁ」

「そうじゃな。公共図書館には、ふらりと入れるが、学校図書館はツテがなければ見せてもらえないハードルの高い場所であるから。モスドアを使うのは一つの手じゃな」

2　学校図書館のあおむし期

戦後マッカーサーを長とするGHQの求めで、アメリカ教育視察団が1946年、日本各地で義務教育、高等教育のあり方を見て回った。すし詰め教室で、全員が教室の前面の黒板ただ一方向を向いて座り、教員がチョーク1本を手に1冊の教科書で授業をしている姿は、ある意味彼らにとって衝撃だった。リソース(教材)は他にないのか？　教科書に書かれた以外のことをどうやって子どもたちは知るのか？

「待って！ それ、私も同じ質問を受けたことがあるわ。中学校国語科教員の私が、毎時間生徒のいる教室に移動して授業をする話をしたとき、何人もの外国人の友人が目を丸くして言った。「リソースはどうやって運ぶの？ ワゴンを押して教室に行くの？」教科型教室である欧米の国々では、各教科の先生がたっぷりと教材を準備した部屋に、筆記用具と教科書やノートを持って移動して行くのは、生徒たちの方だわ。外国映画の学園ものを見たことある？ 生徒たちは廊下のロッカーに荷物を入れて、必要なものだけを取り出して、授業の行われる教室へ毎時間移動するのよ。とにかく教育にはたくさんのリソースが必要で、教員がそれを一々持って移動なんてできないから。そして学校には図書館があり、そこには更に多くの資料があり、教員はそこでリソースの補充をするのよ。専任の学校図書館職員に相談をしながら」

「なるほどな、外国映画はわしも見たことがあるぞ。その友人たちの質問は、今も昔も欧米の国々がたくさんの資料を使って授業をしていることの証明じゃな」

【レッスン4】

教科型教室は、教員が自分の教科に必要なリソースを存分に保管でき、その時々の学習に必要な掲示をすることができる。教科書1冊チョーク1本で授業ができる時代は終わっている。授業参観等で学校を訪れ、教員がスーパーのかごのようなものにさまざまな教材を入れて運んでいる姿を目にすることだろう。教室に置いておくと生徒が壊すということで、プロジェクターもパソコンもときにはスクリーンさえも抱えて廊下を移動している現状。40人の生徒が1日中同じ教室で過ごす今の日本の学校型システムは、生徒管理のし易さや学級の絆を深める利点はあるだろう。しかし、考え直す時期に来ているのかもしれない。

目の前で展開される授業を見ながら、せめて子どもたちが自由に使える学校図書館の存在が必要であることを、彼らは強く指示したのだった。マッカーサーの妻が司書であったという話を聞いたことがある。とにかく、教育には学校図書館が必要だと言われ、日本中の学校に図書館ができた。

1948年12月に当時の文部省から刊行された『学校図書館の手引*』は、生涯にわたって学び続ける人間像を描き、その第一歩は学校図書館から始めなければならないという教育理念を持っていた。新聞の活用についても、多くのページを割き、その必要性を訴えているのだった。今、やっておるNIE*の発想ではないか。この手引は今読んでも感動を覚える内容であるのに、現代においてその存在を知る人は少ないのが残念すぎるのだ。わしがその存在を知ったのは、文科省の神代《かみよ》浩《ひろし》氏と当時東京学芸大学付属小金井小学校司書だった中山美由紀氏編著『困ったときには図書館へ2　学校図書館の挑戦と可能性*』（悠光堂2015）であった。戦後すぐの段階で、すでに「図書室」ではなく「図書館」という定義がされていたのは驚きだった。そこにはこう記されているのだ。

「小、中学校の場合では『学校図書室』という方が実情に即しているかもしれない。しかし、現に、『学校図書館』として経営されているところもあり、将

*『学校図書館の手引』＝1948年に日米関係者の協働により発行・編集された本。日本側は、文部省が公共図書館関係者、学校関係者、出版関係者、研究者の協力を得ていた。

*NIE（Newspaper in Education）授業＝新聞を教材として活用する授業のこと。

*『困ったときには図書館へ2　学校図書館の挑戦と可能性』（神代 浩・中山美由紀編著　悠光堂）

来の発展を予想し、また『学校図書室または図書館』と一々繰り返す煩わしさをさけて、ここでは、だいたい『学校図書館』という呼称を用いることとした」

「待って！　そこに私も寄稿しているわ。そして蛾のおっさんと同じく、『学校図書館の手引』の存在をその時初めて知ったの。１９４８年に出版されているというそれは、半世紀以上前に書かれたとは思えない、つい昨日書いたのではないかしら？　というように新鮮で、ちっとも古びていないのよね」

そしてそんな大事な施設である学校図書館には、それを運営する「人」の存在が必要だと考えられた。当時からアメリカ軍占領下の沖縄は、アメリカ本土と同様に図書館とセットで「人」（学校司書）が配置されたのだが、日本本土には残念ながらその影響は及ばなかった。

しかし学校図書館ができれば、運営する「人」が必要になるのは自然の流れだった。この流れに乗って、学校図書館に専任の司書教諭を置く「免許制司書教諭制度」が国会に議員立法として提案されることとなった。その法案が通っていたら、現代はおそらく日本国中が、ハナマル図書館だったはずなのだが。

「ちょっと待って！「その法案が通っていたら」と今、蛾のおっさんは言ったけど、なぜ法案は通らなかったの？ 学校図書館に専任の『人』を置くことの重要性がわかり、そのために作った法案なんでしょう？ 通らないのはおかし過ぎる」

「それがなぁ、語るも涙、聞くも涙の物語なのだが、聞くか？」

「もちろんだわ」

１９５３年２月28日、なんと法案提出の直前に、吉田茂内閣の「バカ野郎解散」があったのだ。なんでも、当時の首相吉田茂が、衆議院の予算委員会で質問に立った社会党の議員に「バカ野郎！」と暴言を浴びせ、野党提出の内閣不信任案が可決され即日解散となったのだという。「免許制司書教諭制度*」は、国会への法案提出前にあえなく消えてしまった。学校図書館にとって、なんというタイミングで起こった不運だろうか。そこから長い長〜い学校図書館の不

＊免許制司書教諭制度＝司書教諭を免許制の専任教諭とし、授業は持たず学校図書館の仕事に専念し、そのほかに事務職員の配置を制度化するというもの。

週の時代が始まったのだ。

「ちょっと待って！　首相の暴言で内閣不信任案が出され即日解散というのは、今では考えられない。当時は野党に力があったのね。その点には感心するわ。でも、次の国会で同じ法案を提出したらいいのではないかしら？」

「それがなぁ、そうはいかなかったのだ」


その後、気を取り直して半年後にまた国会に法案は提出された。1953年8月8日に学校図書館法制定と相成った。そして、翌年の施行へと大きく動いていくのだ。しかしそこには重大な問題があった。法案の内容が、以前の提案の時とは大きく異なっていたのだ。法案提出から半年が過ぎ、関係者の熱気が冷めたのが原因だと思えるのだが、なんと司書教諭は免許制で「専任・専門職」ではなく、「教諭を持って充てる」という「充《あ》て職」となってしまったのだった。おまけに、その時点で司書教諭は、その資格の養成が追いついていなかった。そこで学校図書館法に附則として、「司書教諭は、当分の間置かないことができる」と書かれたのだ。これが不幸に拍車をかけた。「当分の間置かないこと

＊充て職司書教諭＝教科の授業や担任を持ちながら、学校図書館の運営も任されている司書教諭。

ができる」＝「置かなくてよい」という解釈が、以後50年間*続くことになる。「当分の間」が50年間とは、その当時この法案成立に関わっただれが想像しただろうか？　わしはこの話をするといつも泣けてくるのだ。当時の文部省は、まぁ10年くらいで司書教諭の養成が追い付くから、当分の間＝10年と踏んでいたらしいのだ。

*この附則は1997年に44年ぶりに改正された。2003年4月1日から実施になったので、ここでは50年とカウントしている。

「私も泣けてくる。勢いに乗って作った前の法案からすると、次の法案は腰が引けた内容だったのね。残念すぎるわ。おまけに当分の間が50年って、ありえない。結果的に小学1年生が56歳になるという長い時間を、当分の間ということばで誤魔化したのね。そして日本全国に、鍵のかかったままの本の倉庫である学校図書館が生まれていったのね」

3　学校図書館のさなぎ期

中には頑張って、図書館教育*を行い、専任司書教諭や学校司書を置くことを目指したところもあったようだが、このころから学校図書館を大事だとするところと、そうでないところでの自治体間の格差が広がり始めた。

例えば岡山市では、学校図書館の存在をおおいに重視し、1950年代から市が独自に市の職員として学校司書を置くようになり、1989年には市内の市立の全小中高校への配置が完了している。岡山市では、調べ学習や読書活動が盛んで、子どもたちは知的欲求を学校図書館で十分に満たすことができたのだった。

登校途中に見つけたさなぎを学校図書館に持って行き、「先生これは何のさなぎですか？」と尋ねると、学校司書が一緒に図鑑を調べてくれて、すぐにその疑問を解決できた。普通の学校では、「先生これは何のさなぎですか？」「きゃー、教室にこんなもの持ってきてはいけません」と対応され、好奇心の

*図書館教育＝児童生徒が読書に親しむと共に、学校図書館の資料を使って授業を行い、教科等の日常的な指導において図書館が活用される教育。

芽をバッサリと摘み取られる子どもたちのなんと多かったことか。しかし、これは数字には表れないので、学校司書がいることがもたらした教育効果は、案外ないがしろにされていたのだ。岡山市は本当に特殊な例であり、日本中のほとんどの小中学校では、学校司書の不在と充て職の司書教諭や図書館担当教員の手が行き届かないため、学校図書館は鍵のかかったかび臭い本の倉庫と化していた。

「そうだったわ。私の中学校時代の学校図書館も、昼休みに鍵を開けるのは図書委員で、先生の姿はなかった。私も岡山市で中学校時代を過ごしていたら、もっとたくさんの本を読んでいたはずだわ。授業中に質問しても、『ま、自分で調べとけ』で終わることが多かったし。学校司書がいたら放課後に図書館に質問に行くこともできたのね」

「そうなのだ。しかし、児童生徒も、そして教員さえも、学校図書館にそんな自治体間で格差があることを知らなかった。自分の目の前の学校図書館の状況が、当たり前だと思っていたのだ」

「たまに、そういう学校図書館先進県の事情を知った教員が、『こんな学校図書館がある！』と話すと、『まさか？』と食いついてくる場合と、『わが自治体は無理だ』とあきらめる場合と両極端だったわ」

「だろうなぁ。一部の教員が学校図書館格差に気づいて、少しずつ研修を深め、先進県の学校図書館関係者を呼んで研修を行ってはいたのだが」

「私も、岡山市の学校司書に直接話を聞いたときは、感激したわ！　もう、20年以上前になるけれど。職員室にも座席があり、修学旅行の引率も行っていたと聞いてね。そっか、保健室にいる養護教諭と同じように、図書館にいる学校司書が見られていたんだと」

「ん？　学校司書には職員室に座席がなかったりするのか？」

「残念ながら、そんな学校が今も多くあるのよ」

「それでは、図書館に来る児童生徒の情報が入らないのではないか？」

「蛾のおっさん、いいところに気づいてくれるわね。その通りなのよ」

4　学校図書館が羽化するとき

〈12学級以上の学校への司書教諭配置の義務化〉

それは、2003年4月1日からのことであった。司書教諭を「当分の間置かないことができる」という附則*が、肥田美代子議員他超党派の議員連盟の動きで外されたのだ。日本中の12学級以上の学校に司書教諭を置くことが義務付けられることになった。50年間の当分の間が終わったのだった。ただ「12学級以上の学校」というのが残念な縛《しば》りだった。

少子化が進行している中、1学級40人という大人数の日本の学校において12学級以上の学校は決して多くはなかった。12学級以上（児童生徒数480人）といえば、小学校では学年2学級×6、中学校では学年4学級×3の学校規模だ。欧米のような25人学級の12学級なら児童生徒数300人となり、もっと多くの学校が対象になるのだった。

＊「当分の間置かないことができる」という附則＝1953年の学校図書館法制定時に、司書教諭有資格者が不足していたため養成が追い付かず、文部省は10年ほどで有資格者が全国に行きわたるだろうとの予測のもと「当分の間置かないことができる」という附則を設けたのだった。しかしこれが50年続くとは、当時の誰も考えなかったことだった。

「ねぇ、蛾のおっさん、なぜいつまでたっても日本の義務教育は1学級40人でいいと思っているのかしら？　1人の先生が教える児童生徒が欧米より15人も多いというのはどういうこと？　だから私たち日本の先生たちは疲れているのね、きっと」

「わしもそう思う。ニッポン中どこの学校に行っても、先生たちはくたびれた顔をしておる。一生懸命に元気を装っているが、蓄積された疲労は隠せないのだ」

「どうしてここでまた「12学級以上の学校」なんていう縛りがあるのかしら。11学級以下の学校には司書教諭を置かなくていいというのはおかしいと思うわ」

「そうなのじゃよ。何かこの学校図書館に関する法案には、規制が多いのがわしも気になるのだ」

鳥取県は、人口が少ない県で12学級以上の学校は県内にはないらしく、だから学校規模に関係なく、全部の学校に司書教諭を置こうと自治体独自で決めて配置を進めたという。鳥取県は、元県知事の片山善博《かたやまよしひろ》*氏が知の拠点としての図書館を重要視していたことが引き継がれ、県立図書館が大きな働きで県下図書館を支えている。当然学校図書館にも力を入れており、現在、司書教諭には1週間に5時間、図書館の仕事をする時間を時間割の中に組み込んでいるのだ。もちろん学校司書も配置しておる。前述の岡山市と同じく、児童生徒の育ちを大事にした自治体ではこう動くのだな。

しかし残念なことに、司書教諭が置かれない11学級以下の学校が全国では半分以上を占めた。ここにも自治体格差が存在しているのだ。なぜそんなに、自治体によって違いがあるのか？　それはひとえに、学校図書館の重要性をわかっているかどうかに尽きる。それを知る首長がトップダウンで指示をする場合もあれば、それを知る市民の地道な活動でボトムアップして行く場合もある。そこには学校図書館の重要性を知る「人」の存在が大きかった。

「学校図書館を知る人の存在は大事だわ。こんなに格差があることはみんな知らないから。伝えて行くことって大事！　でもそれをどうやって伝えて行く

＊元鳥取県知事の片山善博（１９５１〜）＝現早稲田大学教授。２０１０年総務大臣のときに、１０００億円を光が当たらなかった事業に交付する「住民生活に光を注ぐ交付金」を作った。その使い道を聞かれた記者会見の折に「図書館に使うとか」という発言をした。

べきかが現場の私にはわからなくて、試行錯誤しているのよ」

おまけに、司書教諭はやはり「充て職」であり、業務が肥大化して教員の1か月の残業時間が80時間を超える過労死レベル（中学校）の勤務を強いられた上に、図書館の仕事もするというのはとんでもないことであった。司書教諭として発令を受けても、紙切れ1枚の辞令に重みはなかった。残念なことに、授業や校務分掌を軽減して図書館の仕事をする時間を生み出す配慮もなく、ますますもって忙しい仕事を持たされる司書教諭資格持ちの教員の中には、「隠れ切支丹」ならぬ「隠れ司書教諭」まで出る始末。資格を履歴書に書かず、仕事を振られることを避けるという手段に出たのだった。

全国には、司書教諭の仕事に誇りを持ち、かなり無理をして仕事をする教員もいたが、どちらかというと、これ以上多忙な生活では身が持たないと、泣く泣く図書館の仕事を後回しにする教員が多かったのは非難できないことだろう。

「そうなのよ。今の教員の仕事は信じられないくらい多忙で、職場としてはまさにブラックだからねぇ。私の周りにも、過労死、病気で休職中、心の病で通院中という先生がいるわ」

「そうなのか？　新聞やニュースの話ではなく、自分の身の回りで起こっていることなのか？」

「ええ、このごろ私、教員も自分の命をもっと大事にすべきだなぁとつくづく思うようになったわ」

【レッスン5】

遅きに失した感はあるが、ようやく教員のブラック労働が注目されてきた。一時期の「公務員叩き」で、教員は保護者や地域が求めること全てに対応すべきだという見えない圧力の下、中学校教員の1日の勤務時間の平均は12時間30分となっている。おまけに昼食も給食指導であり、労働基準法で労働者に定められた休憩も取れていない。残業代ゼロで土日も部活動。

教員志願者の激減がこの過酷さを物語っている。2018年度の教員採用試験では1倍台の自治体も出ている。病休、産休、育休の代替え教員が見つからず、教員同士で授業を分け合って負担し、更なるオーバーワークで次々に倒れて行くという現状。その状態で子どもたちが学校で幸せに過ごせるとは思えない。

5　学校司書の法制化

学校図書館のさなぎが羽化する大きな後押しは、2014年6月20日の「学校図書館法の一部を改正する法律」の可決であった。ここで初めて「学校司書」という名称が記され、「学校司書」を置くよう努めなければならないという、努力義務が定められたのだ。ほんとうは、努力義務ではなく「義務」であるべきなのだ。

そしてここに、司書教諭と学校司書がいて素敵な学校図書館が生まれることになり、めでたしめでたしとなるはずであった。

「ちょっと待って！ なぜ、めでたしめでたしにならないの？ 学校司書は児童生徒にしっかりと知識を持たせ、考える力をつけることを助ける大切な仕事を担う人であることが、少しは理解されたのでしょう？ 文科省に国としてもっと動いてもらうべきじゃないの？」

「予算がないのだ。ニッポンは教育に使う予算がＯＥＣＤ（経済協力開発機構）の中でいつもびりなのだ。教育はその国の基礎を築くための大切なものだと思うのだが、どうも我が国はそこに予算が回らないのじゃよ。情けない。文部科学省がいくら予算を要求しても、財務省にバッサリ切られるらしい。国全体のことを見ている財務省にとって、教育はほんの一分野のことに過ぎないのか。わしはニッポンでは国の基礎を支える教育が、軽く見られているように思えて仕方ないのだ」

「子どもには投票権がないから、議員にとって自分が当選するための一票につながらず、教育問題は置き去りにされると聞いたことがあるわ。まさか、そんな気持ちの議員がいるとは考えたくないけど」

「残念ながら、わしもそれは聞いたぞ。子どもが未来の宝ではないのが、この国の危ういところだと思うのだが」

第 4 章

私の学校図書館体験

～「さなぎ期」から「羽化するとき」まで～

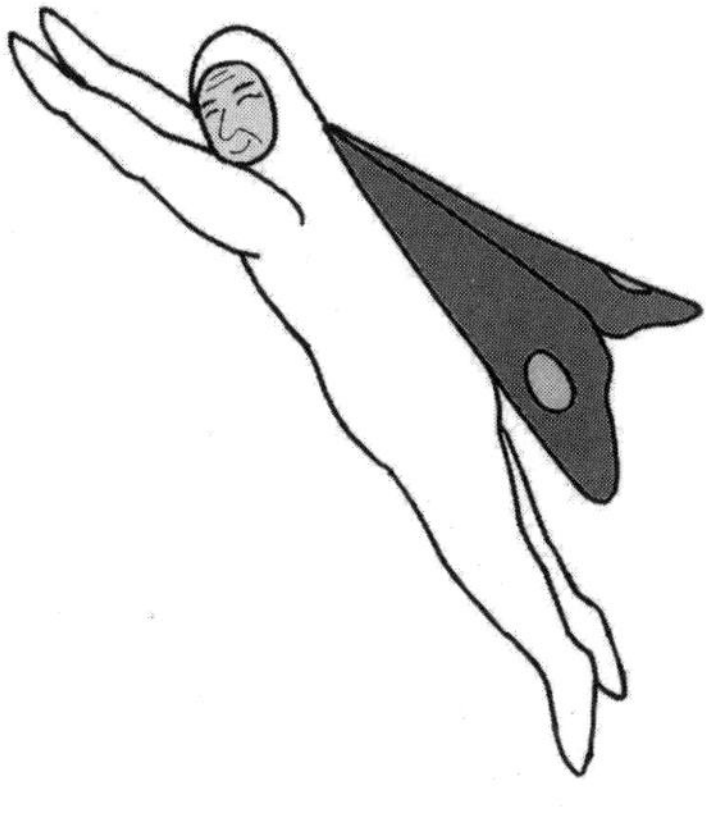

「改めて歴史をたどると、いろいろな人たちが力を尽くしてくれたけれど、学校図書館は不幸な偶然に翻弄《ほんろう》されたことがわかるわね。ここでちょっとベテラン司書教諭のおばちゃんである私が、蛾のおっさんの講義で学んだ歴史に沿った現場での動きについて、思い出して語ってみようと思うけどいいかしら？　私自身の学校図書館史になるけど」

「なーははは、好きにしてくれたまえ。わしも聞いてみたいぞ」

「まずは学校図書館を使う側だったころの話から始めるわ」

1　使う側だったころ（福岡県と長崎県と京都府で）

1959年12月7日、学校図書館のさなぎ期に私は生まれた。岡山市では市が独自に学校司書を置き始めた頃だったが、私が生まれた佐世保市には、そのような動きはなかった。私は、生まれたときから「本」という物体に興味があり、母が購読していた月刊誌『主婦と生活』*を、お座りができるようになったころから、何時間もパラパラめくって楽しんでいたという。『ももたろう』や『う

*主婦と生活＝1946年〜1993年主婦と生活社が出版していた日本の雑誌。料理や家事、育児に関する情報満載の女性誌の先駆けだった。

らしまたろう』＊の絵本を祖父が買ってきては、ひざに座らせて読んでくれていた。何度も何度も繰り返して読んでもらい、すっかり覚えてしまった私は、祖父が行を飛ばしたりすると、「違うよ、じいちゃま。そこはね……」とすらすらと諳《そら》んじたという。

市内唯一の公共図書館は、当時市立として九州一の規模を誇ったが、山の上の我が家からバスで30分の距離にあり、連れて行ってもらったことはなかった。3歳で特別に入れてもらった近所の市立幼稚園では、絵本がたくさんあるのが嬉しかった。5歳で父の転勤で隣の大村市に引っ越し、市の中心部に住んだが、まだ市立図書館はできておらず、本屋に連れて行ってもらうのが楽しみだった。本屋に行くと、あれこれ目移りして選ぶのに時間がかかり、母から「まだ？」とよくせかされた。このころに幼稚園児だった私の徒歩圏内に後に建てられた市立図書館があったら、どんなに良かったかと想像する。カトリックの私立の幼稚園には、イエズスさまのお話の絵本がたくさんあって、とくに生誕の時の話はしっかりと頭に入っていたことを覚えている。

＊ももたろう（松居 直・文 赤羽 末吉・画 福音館書店）

＊うらしまたろう（令丈ヒロ子・文 たなか鮎子・絵 講談社）

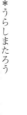

「そうじゃな。子どもにとって、近くに公共図書館がなかったら、本は買ってもらうしかないのだな」

「幼稚園の本を借りて帰るということは、なかった気がするから、本屋に連れて行ってもらうのが楽しみだった。母が買い物をしている間、本屋に1人でいることもあったわ。そこが図書館だったら、どんなに素敵だったでしょう」

「学齢期前の子どもが、本に触れるチャンスは親の影響が大きいな」


父の転勤で、小学校は福岡県筑紫郡春日町（今の春日市）の小学校に入学した。学校図書館との初めての出会いだった。当時木造校舎の隅っこに、畳敷きの図書館があった。真ん中に正座して座る高さの長机が並んでいて、周りを書架が囲んでいた。古い本ばかりだったが、たくさんあって、そこにいると時間の過ぎるのを忘れ、次から次にむさぼり読んだ。とにかく、時間があるとそこに入り浸っていた。もちろん、学校司書などいるわけもなかったが、鍵がかかっているわけでもなく、いつでも出入り自由の空間だった。そこに作家のように缶詰めにされた体験は、忘れられない。

「なんだその体験とは？」
「まぁ、聞いてくれる？　私の図書館缶詰め体験を」
「よかろう、話したまえ」

小学2、3年生の時の担任の先生は、読書活動に熱心で、読書ノートや読書感想文コンクールを通して、感想を書くことの楽しさに触れさせてくれた。元は中学校の国語の先生だったが、小学校に異動してきたという先生で、研究授業で私の作文を使いたいからと、ある日、朝の1時間目に原稿用紙を渡された。

「『ごんぎつね*』の感想文を図書館に行って書いておいで。書けたら戻っていらっしゃい。書けなくても給食の時間には戻るのよ」と言われ、畳敷きの古い図書館に缶詰めにされた。今思えば、これはかなり問題になる指導なのだが、当時は何の問題もなく、ときどき本を取りに来た他の先生が、1人で作文を書いている私に声をかけたが、事情を話すと「がんばってね」で終わった。煮詰まって来ると、書架から絵本を抜き出して読んだ。『安寿姫と厨子王丸*』『フランダースの犬*』。さすがに絵本以外は読むのに夢中になるとまずいと子ども心に思っ

*ごんぎつね
（作・新美 南吉　絵・黒井 健　偕成社）

*安寿姫と厨子王丸
（須藤 重著　講談社）

ていた。

作文用紙の2枚目の1行目が「でも、ごんは…」で始まることを52年経っても覚えている。とりあえず書き上げて教室に戻ると、4時間目の算数の授業中だった。書き上げた原稿を渡し「よくがんばったね」と先生に言われ席に着き、算数の教科書を机のふたを開けて取り出した。数日後の国語の研究授業には、教室の後ろ一杯に先生たちが並んでいて、印刷された私の作文を題材に授業が行われた。放課後、先生に学校の前の文房具屋に連れて行かれ、好きなものを選んでいいよと言われ、12色の色鉛筆を買ってもらったのを覚えている。ずいぶん後になって私は、その先生は司書教諭だったのだと確信したのだった。八尋幸子《やひろさちこ》先生。そのお名前は忘れない。

「なははは、面白い体験じゃなぁ！」

「でしょう？　こうして文章を書くことが仕事になってきた今、当時の図書館の1人ぼっちでこつこつと感想文を書いている自分の姿を思い出すの。消しゴムでごしごし原稿用紙を消して書き直していたら、給食のおいしそうなにおい

＊フランダースの犬
（ウィーダ著　村岡花子翻訳
新潮社）

がしてきて、お腹がグーっと鳴ったりしたことを」

「もう1つ、学校図書館にまつわる大事件があったわ」

「よしよし、聞かせて欲しいぞ」

小学3年生になって、図書館が新築された。鉄筋校舎の横に、独立館として建てられた平屋の図書館だったけど、以前からすると10倍近く広かったと思う。本に囲まれた空間が好きな私は、授業が終わると一目散に学校図書館に駆け込んだ。そこには「人」はいなかったが、いつも開いていて、書架の背表紙を読みながらぐるりと館内を回るのが好きだった。ブラウジング*ということばは知る由もなかった。

そうしているうちに、読みたい本が目に付くと手に取り、パラパラとめくりながら本との相性を見るようになった。手触りと挿絵が決め手だった。そうして本を選び終えるころに上級生の図書委員がやって来て、貸出が開始された。リンドグレーンの『長くつ下のピッピ*』や『やかまし村の子どもたち*』が好きだった私は、ある日なかなか書架に戻って来なかったシリーズの1冊を見つけ

*ブラウジング=図書館で書架を見て回ること。

*長くつ下のピッピ（アストリッド・リンドグレーン著　桜井 誠 イラスト　大塚 勇三 翻訳　岩波少年文庫）

*やかまし村の子どもたち（アストリッド・リンドグレーン著　イロン・ヴィークランド イラスト　大塚 勇三 翻訳　岩波少年文庫）

て、1人で小躍りした。早く読みたくてたまらず、帰り道を読みながら歩いた。まるで薪を背負った二宮金次郎*みたいな、ランドセルを背負ったみづほちゃんだと自分で思いながら。

帰宅して、自宅で洋裁をしていた母とそれを習いに来ていた近所のおばさんにあいさつをして、手を洗いおやつを食べながら続きを読んだ。夕飯とお風呂以外は、本を読み続け、就寝時間前に読み終わった。ああ、面白かった、さぁ明日の時間割をしようと思ったら、ランドセルがいつもの場所になかった。2部屋しかない狭い官舎住まいで、赤いランドセルはすぐに視界に入るはずだった。両親とそこら中を探すのに2分とかからなかった。「ない！ランドセルがない」うえーんと泣き出した私に母が言った。

「あんたのことだからひょっとして、学校の図書館に忘れて来たんじゃない？」

隣の2つ上のお姉ちゃんは図書委員だった。母がすぐに隣に行って事情を話すと、ちょうど明日の朝が図書当番の日だというお姉ちゃんが、「早めに行ってランドセルをみづほちゃんの教室においといてあげる」と言ってくれたそう

*二宮金次郎（1787年～1856年）＝神奈川県生まれの農政家、思想家。二宮尊徳と呼ばれる。少年時代の薪を背負いながら本を読んで歩く姿が「勤労勤勉」のモデルとなり、大正時代からその石像や銅像が尋常小学校に建てられ始め、昭和には小学校に必ずあるまでになっていた。

な。翌朝、集団登校の時間より早く、用があるからと近所の子に伝え1人で学校に向かった。

急いで教室に入ると、廊下側の後ろの棚の上に赤いランドセルがぽつんと私を待っていた。「あった！　ああよかった」後で近所のお姉ちゃんに聞くと、図書館の入り口の隅っこに置き去りにされたランドセルがあったそうだ。誰にも気づかれないまま、置かれていたのだろうか？　大好きな学校図書館に1泊した私のランドセル。何とも強烈な私の学校図書館の思い出だ。私にとって、ランドセルを忘れて帰るくらいに、探していた本に出会えた時の喜びは大きかった。近所のお姉ちゃんにあこがれていた私は、高学年になると図書委員になり、放課後は図書館の仕事をすることに生きがいを覚えていた。そして私のような本好きの後輩たちに声をかけた。しかし、ランドセルを忘れて帰る子には、巡り会わなかった。

「小学生って、読みたかった本に巡り会うと本当に嬉しいのだな」
「そういう、本との出会いを、学校図書館に〝人〟がいたらもっと子どもたちに体験させてあげられるのにね。数々の本を読む中でロアルド・ダール作『チョコレート工場の秘密』*を読んでいた時に、八尋先生に「あらぁ、そんな難しい本が読めるようになったのね」と言われ、先生って子どもの本も読んでいるんだ！　とその時気づいた私だった。司書教諭として、きっと先生は私にいろんな働きかけをしてくれていたんだろうな」

「その時は分からなくても、大人になって、ああ、あの時って気づくときがあるのだな。司書教諭や学校司書の仕事は深いのだ」

中学校1年生の1学期まで、春日市にいた私は、昼休みによく学校図書館に行った。仲のいい小学校時代の友人と離れて、新しいクラスに馴染めない時期だった。昼休みを1人で過ごすのに、学校図書館は最適な場所だった。1学期の終業式の日、父の転勤で佐世保に引っ越すことになった。馴染めないクラスだったが、通知表を受け取り、掃除をしているみんなと別れて家に戻りながら、道路沿いのグラウンドのフェンスの横を歩いていると涙がぽたぽた落ちて来た。家に着くとすぐ、引っ越しの大型トラックに乗り込み、佐世保を目指した。

*チョコレート工場の秘密
（ロアルド・ダール著
クエンティン・ブレイク
イラスト　柳瀬 尚紀 翻訳
評論社）

転校した中学校は、大規模校で、父が転校の手続きで挨拶に行ったときに決まっていたクラスは、先生の勘違いで私より先に到着した生徒が入っていた。あたふたする先生たち。別のクラスを急きょ案内され、同じころに到着したもう1人の女子生徒と一緒に入ることとなった。その生徒とすぐに仲良くなったのは言うまでもない。大規模校は出入りが激しく、長期の休み明けは転出入でバタバタだった。

「転校は、子どもにとってはプレッシャーじゃなぁ。迎える方はワクワクするけどな」

「そうなのよ。そんなときも学校図書館があると、昼休みをうまく過ごせて助かったわ」

「いろんな状況に置かれた子どもたちに救いの手を差し伸べる場でもあるんじゃな」

その学校の司書教諭は、元陸軍二等兵だったという社会科の先生だった。時々授業中に「田代二等兵、はい！」と居住まいを正して敬礼をする人だった。「先生は図書館長だ！」が口癖で、私は司書教諭が図書館長なのだとずっと思っていた。本の整理が好きな先生だったが、中学生が読みたくなるような本はあまりなかったと記憶する。月刊誌の『中一時代』『中一コース』*を読みに行く場所だった。

ここでも図書委員だった私だが、あまり熱心な活動はしていなかった。昼休みは、生徒だけの運営で図書館を開館していたが、利用者は少なく、かび臭く背の高い棚が並ぶ陰気な場所で、図書委員の仕事は主に掃除だったという残念な中学校時代の学校図書館体験だった。しかし、公共図書館まではバスで30分はかかったため、行くことはなく、やはり好きなのは本屋だった。

*中一コース＝学研が発行していた学年誌。中学生にとっては旺文社の「○○時代」（１９９１年廃刊）と学研の「○○コース」（１９９９年廃刊）がライバル誌だった。

【レッスン６】

学校図書館の館長はだれ？　これは２０１７年に文科省から出された「学校図書館ガイドライン」*に明記されているが、学校図書館の館長は校長で

*学校図書館ガイドライン＝学校図書館の運営上の重要な事項について、その望ましいあり方を示したもの。

ある。しかし、学校図書館に入ったこともない校長もいれば、先頭に立って学校図書館を見違えるように改革する校長もいる。これは校長の資質に左右されるべきことではないはずであり、このガイドラインに明記されてからは校長会等で取り上げられ、意識が高まった感はあるが、まだまだ研修の必要性はある。


「学校図書館に魅力がなく、公共図書館が近くにないという環境は残念だな」

「そうなの、その頃が一番読書から離れていた気がするわ」

「中学生になると急に本を読まなくなるとよく聞いていたが、その典型じゃな」

「その頃母が、全50巻くらいあった文学全集を買ってくれたの。セールスマンのことばに乗ってしまってね。森村桂著『天国にいちばん近い島』*があるかと思えば、ヘルマン・ヘッセ『車輪の下』*があるという海外と日本の文学セット。それを読まなくちゃ、という気持ちがあって、ブラウジングして本を見つける楽しさから遠ざかったのも、読まなくなった一因かもしれない」


*天国にいちばん近い島（森村桂著　角川文庫）

*車輪の下（ヘルマン ヘッセ著　実吉 捷郎 翻訳　岩波文庫）

「自分でたくさんの中から読みたい本を見つけるのも、図書館に行く楽しみの1つだと思うぞ」

長崎県立佐世保北高等学校に入学すると、当時は実習助手や事務職員の立場ではあったが、正規の学校司書がいた。しかし残念なことに、そこは自習室のようで、学校司書と親しく話したという記憶はない。

高校2年生のとき、卒業生の村上龍が『限りなく透明に近いブルー*』で芥川賞を受賞し、その作品が読みたいと、読書好きはわくわくして図書館に入るのを待っていた。しかし、高校生には不適切な内容であるということから書架に並ぶことはなく、クラスの代表が購入して回し読みをした。確かに、高校生には読ませたくないかなというのがみんなの感想でもあったが、そこは受賞作でもあり書架に並べて欲しかった。

私が教員になってから訪れた、高校図書館の閉架書庫で、村上龍の著書すべて副本が禁帯出（貸出禁止）で書架に並んでいるのを見て驚いた。「村上龍の著書はすべて2冊購入して、こうして1冊は保管用にするようにと言われてい

＊限りなく透明に近いブルー
（村上 龍著　講談社文庫）

ます」とそのころは非常勤となってしまった学校司書に聞いた。在学時のいざこざで母校との関係の良くない村上龍だったが、その作品は陰で大事にされていたのだと、ちょっと感動した。

「待て！　芥川賞受賞作でも高校生には読ませられぬのか？」

「当時職員会議で紛糾したとは聞いたけれど、今なら学校図書館にも置くと思うわ」

公共図書館も高校に近かったので、夏休みのクーラーの効いた自習室としてよく使った。狭くて暗い図書館で開架部分が少しだけ、高校生が借りたくなるような本は見当たらなかった。

その代わり、当時の本屋は充実していて、帰り道の「直線では日本一長いアーケード」の中に大手スーパーやデパートの書籍部を合わせ6軒あった。今は、地元資本の本屋は1軒もなく、後からできた大型チェーン店と、福岡の本屋の傘下に入った地元店の2軒があるだけだ。以前からあった地元2店は外商のみとなっている。本屋の衰退を絵にかいたような現状だ。

その本屋でも、私はやらかしてしまった。カバン忘れならぬ、カバン取り違え事件。

アーケードの入り口にあり、一番バス停に近かった本屋にはよく行った。学生かばんは入り口に置いて、中に入るのが暗黙のルールだった。しっかり立ち読みをしてから、洋服を見に行きたいという友人と、入り口でカバンを手にしてウインドーショッピングへと赴いた。何軒目かで、気に入った小物があり、それを買おうと学生かばんを開けたら「何ということでしょう！」中身が違っていた。どうも工業高校生のカバンだったらしく、機械系の教科書が入っていた。

「まずい、前の本屋で他人のカバンを持ってきてしまった」走って本屋に戻ると、私のカバンは当然のようにそこにあった。おそらく持ち主は、持ち去られたカバンに気づかずに、まだ店内で立ち読みをしていたのだろう。そっとカバンを取り換えて素早く走り去ったのだった。しばらく走ったところで、友人と2人で大笑いしたのは言うまでもない。

「本とカバンというのが、鬼門なのだと思うぞ」

「ねぇ、我ながらドジなのよね。でも当時の高校生は、よく本屋に入ったわ。立ち読みもしたけど、お小遣いで本も買っていた。ドジついでに話すと、買ってきた文庫本を自分の部屋の本棚に並べておこうとして、同じタイトルを見つけたことが何度かあったわ。あれっ？　この本買ってたんだ！　って」

「大人がよくそんな話をしているが、高校生のころからそうだというのは初めて聞くぞ」

「認知症ということばはまだなかったけど、私って、高校時代から結構それに近かったのかもしれない」

「やれやれだなぁ」


京都女子大学短期大学部文科国語専攻に進学すると、大学と合わせて女子学生が6000人もいた。いつも使う文学部図書館は京都五山すべてが見渡せる場所にあり、お盆の大文字の送り火の日にここにいたらどんなにいいだろうと思いながら過ごした。調べ物をしてレポートを書くのに最高の場所だった。その当時の京都には、なんと市立図書館がなかった。ちなみに、都道府県庁所在地で、市立図書館がないのは長崎も同じだった。京都市立図書館は、私が京都を離れてすぐにできたが、長崎市立図書館はなんということか！２００８年に、都道府県庁所在地の最後の市立図書館としてやっと開館したのだった。それは私が京都を離れて28年も経った後だった。

府立図書館や、当時府立植物園のそばにあった府立総合資料館には何度か行き、調べ物をした。京都での2年間は、大学図書館の恩恵を受け、しっかりと育ててもらった気がする。そしてここで司書教諭資格*を取ったのだった。

中学校国語科二級免許*と共に取った「司書教諭資格」。この資格を取る前の説明会で「司書教諭資格は、今のところ持っていても何の役にも立たない資格です。ただこの先、教育界に何らかの変化が起これば、役立つことになるかもしれませんが」と言われたのを覚えている。小学生の頃から、学校図書館が大好きだった私は、当時児童文学で有名だった中川正文《なかがわまさふみ》*先生の講義があるのが楽しみで、司書教諭養成講座を受講するのに迷いはなかった。学校図書館の仕事に携われることにわくわくしながら受講したのだった。

＊司書教諭資格＝教員免許を持ち、５科目10単位の講座を取れば取得できる資格。

＊中学校国語科二級免許＝１９８９年の法改正により二級→二種と呼ぶようになった。短大卒で取れる教員免許は二種。大学卒で一種免許が取れる。

＊中川正文＝１９２１年～２０１１年は、奈良県出身。児童文学作家、児童文学研究者。京都女子大学名誉教授。大阪国際児童文学館名誉館長。『ごろはちだいみょうじん』『ねずみのおいしゃさま』等多数の著作あり。

「そうか、司書教諭資格は持っていても何にもならないと言われた資格だったのか」

「そうなの。でも、中川先生の講義が楽しくて。ジャワの影絵劇を演じてくださったことを今でも鮮明に覚えている。『読書と豊かな人間性』の講義だったと思うわ」

「そして今、自分自身が大学生に司書教諭養成講座*『学校経営と学校図書館』の講義をしていることがなんだか不思議な気がするわ」

2　運営する側として（長崎県でのこと）

１９８０年４月、私は教員になった。採用されたのは故郷の長崎県だった。ところが、中学校国語科で教員採用試験に合格したものの中学校に空きがなく、

「悪いけど小学校助教諭*免許を出すから小学校の先生をしてもらっていいですか？」と、京都の下宿に県の教育委員会から1本の電話があった。もう下宿の荷物をまとめていたので「はい」と返事をせざるを得なかった。小学校の先生

*司書教諭養成講座＝司書教諭資格を取るための5科目10単位の講座は、「学校経営と学校図書館」「学習指導と学校図書館」「学校図書館メディアの構成」「読書と豊かな人間性」「情報メディアの活用」である。

*小学校助教諭＝教員免許を有する者がその専門分野での勤務が叶わない場合に、臨時的に3年間有効の助教諭免許を所属の教育委員会が出すことができる。

が、私に務まるのかしら？　中学校の国語の免許しか持たないのに。当然、自分の小学校の卒業式以来、小学校に足を踏み入れたことはなかった。しかし、やると言ったからには、持ち前の何とかなるさの精神で立ち向かうしかなかった。波乱にとんだ教員生活の幕開けだった。

希望して校務分掌*は図書館教育の末席に加えてもらった。それ以降ずっと自ら進んでやると言い、35年間学校図書館の仕事に関わってきた。その現場の様子を思い出しながら、蛾のおっさんから学んだ学校図書館の歴史と重ね合わせてみたい。

ここからは「学校図書館を運営する側」としての体験となる。最初に言っておくけれど、私が学校司書として本格的に仕事ができたのは、35年の教員人生の中で、わずか1年しかない。

*校務分掌＝学校内における運営上必要な業務分担。総務部、教務部、生徒指導部、特別活動部、進路指導部、給食・安全部、保健・美化部、図書部等に分かれているが、その仕事の内容は細分化されていて、一人でいくつもの分掌を掛け持ちすることになる。

（1）さなぎ期の現場

〈超大規模小学校〉

1980年、2つの分校合わせて2000人の児童がいた最初の勤務校は、この規模の児童にこれですか？　といいたくなるような図書館だった。図書館に1学級しか入れないので、1学年7、8学級が図書の時間に利用するには、4年生までで時間割の枠が足りなくなる。担任する5年生には「図書の時間」はなく、図書館に学級の子どもたちを連れて行くのは、学期に1回程度だった。その代わりに私は教室でよく本の朗読をしていた。最初は落ち着かなかった子どもたちが、少しずつ朗読の時間を楽しむようになった。『ビルマの竪琴*』を読んでいた時、「おーい水島、一緒に日本に帰ろう」の場面で、教室が一瞬しーんとなったのを覚えている。名作が、子どもの心に響く瞬間を初めて体験した。

夏休みは学校図書館の蔵書点検の日があり、学年の図書館担当1名ずつの6

*ビルマの竪琴
（竹山道雄著　新潮文庫）

名で、１人が台帳を読み、後の５人は書架を見ていて「えっと、『はなさかじいさん*』」「はい、ありました！」と本を倒して行った記憶がある。右も左もわからない初任者にとっては、まずは自分の学級が第一で、図書館の仕事には自分の実力の３％程度しか関われなかった。

「待て！そんなに大勢子どもたちがいて、大変じゃなかったのか？」

「集会のため体育館に全校児童が集まるのに30分近くかかったかな。なんせ当時はまだ45人学級だったの。それで40学級近くあったから、教室が足りず、運動場にプレハブ校舎が建っていたわ。夏は暑くて冬は寒い。夏場はプレハブ校舎には時折氷柱《ひょうちゅう》（大きな長い氷）が教室の後ろに置かれることがあったし、冬になるとおばあちゃん先生たち（今の私と同い年くらいだった）は、オーバーコートを着たまま授業をしていた。鉄筋校舎は今でもそうだけど、冬場は暖房器具が全くないから、子どもたちは手がかじかんで、手のひらに息を吹きかけながら、ノートを取っていたわ」

「なんかそれ、『マッチ売りの少女*』みたいだと思うのだが」

＊はなさかじいさん（いもと ようこ文・絵　岩崎書店）

「休み時間の校舎内は渋谷のスクランブル交差点並みの人の多さ。でも、私は若かったし、初めて勤務した学校でそこしか知らなかったから、それが当たり前だと思っていた。学校図書館に5年生児童がほとんど入れないのも、そんなものかなぁ程度。だから、現在の学校図書館の状況を前に何の疑問も持たない教員も、初任のころの私と同じだと思えば責められない気持ちになるわ。でも、教員の無知は本当に恐ろしい。それがそのままストレートに目の前の子どもたちに影響してしまうから」

小学校勤務の2月、インフルエンザにかかって自宅で臥《ふ》せっていた時、またもや1年前のように県の教育委員会から電話がかかって来た。「もし、中学校に戻れるなら戻りたいですか?」と。通信教育で小学校教員の免許を取ろうと資料を取り寄せていた私は、一瞬躊躇《ちゅうちょ》したが、とりあえず「はい」と返事をしてみた。人事異動発表の日、なんと隣の中学校に異動になっていた。

のどかな春の日差しが暖かい校庭で行われた離任式では、担任していた5年2組の子どもたちとの涙なみだの別れとなった。両腕に抱えきれないほどの花

*マッチ売りの少女(アンデルセン著 天沼春樹翻訳 新潮文庫)

束をもらい、とにかくこの場を去らないと収拾がつかないからと、先輩教員が止めたタクシーに押し込まれた。タクシーが走り出すと、何人かの子どもが走って、タクシーを追いかけて来た。はらはらしながら後ろを見ていたら、諦めて歩道にへたり込む姿が、ぐんぐん小さくなって「で、お客さんどちらへ？」と言われ、とりあえず自宅の町名を告げ、花束を置いて、同じタクシーで学校に戻った。往復30分のタクシー料金は、初任者の懐に堪《こた》えたのを覚えている。

〈大規模中学校〉

1981年4月、中学校に異動して1年生担任となった。入学式の日、ちょっと緊張気味に校門をくぐった新1年生の半分以上は、私の顔を見て「？」な表情になった。去年小学校にいて、必修クラブや児童会活動で顔見知りの先生が、なぜ中学校にいるのかと。そして小学校の先生が、中学校にいたことをみんな喜んでくれた。何だかほっとしたらしい。その生徒たちをそのまま3年生まで持ち上がって受け持った。1学年9学級。各学級42、43人の生徒がいて毎日が目の回るような忙しさだった。学校図書館の仕事については、1年目は補助的立場で行っていたが、少しずつ、選書*や受け入れの仕事を回されるようになってきた。

当時新校舎建設のため、木造校舎図書館から、鉄筋新校舎への引っ越し作業というものに遭遇した。先輩司書教諭が、新図書館の図面を見て、変更できる点を校長にお願いに行こうということで、かなり熱心に図面を見た。図書準備室と図書館の境目がすべて壁とドアで、準備室で仕事をしながら館内が見えるよう、ガラス部分が必要だと気づき要望したが却下された。せめて準備室から図書館への内部のドアの上部のすりガラスを透明ガラスに変えて欲しいという案も却下され、使う者の意見を取り入れない学校建築に残念な気持ちを抱いたはじめだった。

「ちょっと待て！学校建築は使う者の意見を聞いたりしないのか？」

「残念ながら、当時はそうだった。今も大きく変わってはいないと思うわ。さぁ、建ててやったんだから、汚さないようしっかり掃除をしなさいよという

*選書＝必要な本を選ぶこと。

スタンスかな」

新校舎建設完了後の図書館の引っ越しは、かなり大変で、もちろん部活動の生徒たちが書籍や書架の運搬を手伝ってくれたが（中学校では何か作業があると部活動に動員がかかるようになっている）学年図書館担当3名での排架*にはかなりの時間を要した。

新採*3年目あたりからは、司書教諭資格持ちということで主担当として学校図書館を運営した。書店組合からの年に1回だけ巡回図書*という制度があり、2時間ほど時間を区切って学校の玄関に置かれた段ボール箱何箱にも入った書籍を見ながら選書し、各教科の先生にも見てもらい購入していた。そこには出版社の人も来ていて、本の説明をしてくれた。

受け入れ作業は、夏休みの仕事として行っていて、課題図書だけは早めに処理（台帳記入、蔵書印、受け入れ印を押し日付を記入、分類ラベルを本の背に貼り、貸出カードを記入）していた。当時は学期に1回の購入で、3学期の始めは残り予算で、各学年1名の図書館担当者3名で街の本屋まで店頭買いに行

＊排架＝書架に本を分類別に並べること

＊新採＝新規採用教職員の略

＊巡回図書＝書店と出版社が年度の初めに共同で各学校に本の見本を運び、学校の玄関あたりに数時間店開きをして本の説明をする。カタログだけではわからないので実際に本を手に取ってみる良い機会であった。近年教員の勤務のブラック化で対応できず、無くなりかけていたシステムだが、学校司書の配置により対応可能になった自治体もある。

き、ここでは読み物中心の購入をした。

この時期に店頭買いの楽しさと大変さを覚えたのだった。本屋に用意してもらった段ボール箱に、書架を回って手にとってパラパラとページをめくり、これだと思った本を入れていく。この時だけはあらかじめ生徒から出されたリクエスト本も入れていった（当時はまだ生徒からのリクエストは受け付けていなかった）。しかしこの作業は楽しいけれども予想外に大変で、2時間かかって段ボール箱3箱をいっぱいにしたころには、頭がクラクラ。それでも年に1回の店頭買いは楽しい記憶として残っている。

この時代は、昼休みは生徒だけでなく教員も休みだからと、生徒同様一切仕事をせず休憩をとっていた。昼食は生徒も銘々弁当持参や、学校でパンや麺類（アルマイトの弁当箱に入ったうどん）を注文し、教室で好きなもの同士集まって食べていた。教員は中華料理店から出前を取ることもあり、年間を通して毎日ちゃんぽんの出前だった社会科の先生は「ちゃんぽん先生」と呼ばれていた。昼食後は、教職員組合の会議がないときは、囲碁将棋を楽しむ教員、校庭で生徒と遊ぶ教員とさまざまだった。私をはじめとする組合に加入していない教員は、食後のお茶を楽しんでいた。

体育館に生徒が入らないように内側から鍵をかけて、職員だけでバレーボールやバドミントンをすることもあった。昼休みの図書館は、生徒の図書委員だけで開館していたが、特に問題が起こったことはなかったと記憶する。昼休みにスポーツを楽しんだときは、午後の国語の授業にジャージ姿のまま行くこともあり、「またバドミントンしたんですか？　いいなぁ」と生徒たちから声をかけられた。教員にも昼休みがあるという、のんびりした時代だった。

「ちょっと待て！　今は先生に昼休みはないのか？」

「教室で給食指導をして生徒と一緒に食べ、司書教諭はその後図書館へ。他の教員は校内パトロールや、各種委員会活動の話し合いが昼休みに行われるので、昼休みもその後の休憩時間も全くないのが現在の状況なの」

「それは大変じゃなぁ。休憩は教員にも必要だと思うのだが」

「お昼休みに外にランチに出かける、オフィス街のＯＬにあこがれたわ」

「そうだなぁ、職場環境が違いすぎる」

「数年前のこと、同じく司書教諭をしている友人が、夜8時ごろ帰宅しようと職員室の机の上を片付けていて、お弁当バッグを持ちあげたら重くて。あっ、お昼食べ忘れた！　と気づいて切なかったといっていた。あまりに忙しい日で、お腹がすく暇がなかったって」

「ほんとに切ない話だのう」

ただ、そんな昔ののんびりした時代でも急に企業や保護者からの寄付があり、数十万円分の図書を1週間以内に選書して一覧を出せという事務室からのオファーには、泣きそうになった。それがちょうど年度末の成績をつける時期と重なると尚更だった。そんな緩やかな時代であっても、普通に授業を持ち担任をしながらの図書館運営は、時として大きな負担になっていたことは確かであった。この時期、私自身、結婚と第1子出産もあり、いつもやらねばならぬことと時間に追われ、駆け足で暮らしていた気がする。

「ちょっと待て！　あおむし期の学校図書館は、あんまり機能していなかったのだなぁ。生徒の図書委員と教員のやる気だけで持っていたようなものだったのか？」

「そうなの、残念ながら。ただ、生徒にあまり手がかからず、部活動もそこまで必死ではなく、教員に時間のゆとりがあったのは間違いないわ。夏休みは、「自宅研修」と呼ばれる研究と充電の時間だったし。国語教育で有名な大村はま先生*は、図書館に受け入れる本はすべてに目を通したとおっしゃっていたけれど、そんな時間もあったの。今では考えられないことだわ」

〈中規模中学校　忍び寄るブラック勤務の影〉

１９８７年、３校目の勤務校は、職員室から歩いて2分くらいかかる別館校舎の3階に図書館があった。絨毯敷きのかび臭い図書館で、人気のない場所だったが、図書準備室もあり運営次第では良いものになりそうだった。その学校での2年目は、夏休み前から第2子出産と育児休暇で1年近く学校を離れた。翌年6月に復帰予定であったが、4月の校内人事で2年生の担任であることは

＊大村はま＝１９０６年～２００５年は、神奈川県横浜市出身。日本の国語教育のパイオニア。東京女子大学卒業。戦前・戦後を通じて、一現場教師の職にありつづけ、退職後も日本の教育の進路を見守り続けた。『教えるということ』『灯し続けることば』『かけがえなきこの教室に集う』『教師大村はま96歳の仕事』等多数の著作あり。

決まっていた。４月からの２か月は代替えの教員が担任をしてくれたが、４月行事であった家庭訪問は、私だけ復職後の６月から学校帰りに行うことにした。夏休み前までかかって、42軒の家庭訪問を済ませ、図書館の仕事は夏休みにぼちぼち行った。２学期からは、かなりの生徒が昼休みに図書館を訪れるようになり、自由な雰囲気で読書ができる生徒たちの居場所となった。

しかし、昼休みに図書館を訪れた年配の教員から、「あんなに生徒がしゃべっているのを注意もせず一緒にしゃべっているとは何事だ！　図書館とは、シーンとしていて本のページをめくる音しかしないものだ」とお叱りを受けた。

「昼休みくらいは、ちょっとゆっくりさせてもいいのだと私は考えるので、昼休みの図書館では、生徒を極力叱らないようにしています」

「図書館はシーンとするもの」というのが、１９９０年くらいまでは主流だった気がする。

またこのころから、学校にいつまでも残っている教員が増え始めた。土曜日は半ドン（午前中のみ授業）だったが、昼食の出前を取ったり、弁当を買いに行き昼食を済ませたりした後、残って有志で勉強会という名のおしゃべり会をしていた。部活動も今ほどしっかり教員が付いているわけでもなかった。

平日は「昨日は夜の何時まで職員室に残っていた」と自慢し合うヘンな空気があった。この遅くまで残るメンバーの仲間に入れてやるかやらないかの査定が、赴任してすぐの歓迎会後の2次会で行われ、査定の結果、子持ち20代後半の私は残って仕事をしないからと外された。このとき一緒に異動してきた20代男女も外され、そんなもん入りたくもない！と3人で内心ほっとしたのだった。ただし、道徳の資料などすぐに授業に使えるプリント類は、外された教員の元には回されず、それだけはちょっと欲しいと思った。


「待て！それって教員のいじめではないか？」

「まぁ、そうとも言うかしら。私は担任しているクラスの生徒が、私が教える国語以外の教科の授業中に、お前らの担任はクラスの生徒より自分の子ども優先だからな。子どもが病気したら休んだりするだろ！と吹き込まれたことがある。先生はぼくたちより自分の子どもが大事ですか？と聞かれ、自分の子どもに代わりのお母さんはいないのよ。学校では、私が休んでも代わりの先生が来てくれるけどねと話すと、だよねーと生徒は納得。そういうことを言う教員から管理職になったりするのが、何だかなぁだったわ」

「そうか、職場内でもいろいろあるものだな」

〈小中併設校は小規模でのどかな雰囲気〉

1991年、4校目はへき地の小中併設校。図書館は共有であった。しかし1つの職員室に小学校と中学校の教員が同居していると、どうしても中学校教員は空き時間があって暇そうに見えるので、学校図書館運営は中学校教員の私がほぼ行った。この学校は、月に1回市立図書館の自動車文庫*（当時）が回って来るので、予算は少なくても、小学生は教室に学年ごとに絵本をたくさん借りることができ助かっていた。普通の学校の1学級の人数40名に満たない中学校の全校生徒数に、教員は教頭を含めて9名いたので、図書館の仕事にも時間を多く割くことができた。市の中学校図書館部会の世話やSLA全国大会（福岡大会）での発表なども引き受け、学校図書館についての研さんを積むことが

*自動車文庫＝1994年に名称を移動図書館に改めた。

できた。

県内の他市との交流も深まった。このころ、県の教育委員会主催の図書館研修会で講師としてお見えになった長崎純心女子短期大学（当時）平湯文夫教授の声かけで、長崎市中学校図書館部会主催の夏休み図書館巡りバスツアーが行われた。佐世保市中学校図書館部会として10名ほどで参加した。2市合同の研修会は、大型バス1台が満席になる盛況ぶりだった。同じ県内でも、学校図書館のあり方は違っていて、佐世保市の学校図書館と市立図書館を見学後、佐賀県の伊万里市民図書館、三日月町図書館を見て回った。平湯先生の解説付きで、学校図書館とは？　公共図書館とは？　という学びを深めた。バスの中で情報交換をしながら、それぞれの市について良いところを取り入れようと、積極的に動くようになった。

「そうか！　やっぱり狭い殻に閉じこもるのは良くないな。同じ県内の他市とのつながりから、視野を広げて行くのは大事だと思うのだ」

「その通りよ。私自身、この学校に勤務しているときに学んだことは大きかった。生徒数が少ないから、授業時数も少なくて、勤務時間内に教材研究や試験の作成、採点ができた上に、自分の専門分野である学校図書館の勉強ができたのだから。そこから視野を広げて行けたのが、今の私の基礎を作ってくれたと思っている」

〈離島の中規模中学校　島独特の考え〉

1997年、5校目は離島の中学校。といっても2つの橋で陸続きとなっていて、小学3年と6年生の息子2人を連れ3人で、夫を家に残して逆単身赴任？をした。いきなりの3年生担任だったが、学校図書館教育に力を入れようと、早速図書館のリニューアルに取り組んだ。しかし、島の教育委員会から、「4月中に1年分の予算を使い切って図書の購入をすること。3年生が購入した本を読む時期を長く持つためだ」

と言われ唖然とした。

「本って、毎日出版されているんですけど。5月からの11か月間に出版された本が買えないのは、生徒にとって大きな損失です」

「そういう決まりになっていますから」

「島内には雑誌とまんがが置いてある本屋しかないので、新しい本を読ませてあげたいのです」

何度も担当者と話をして、ようやく学期に1回の年3回購入にしてもらった。さまざまな学びを活かして、小物を飾り、薄汚れた閲覧席のテーブルに明るい色のテーブルクロスをかけ魅力ある図書館作りをすれば、昼休みはいつも大賑わいの図書館となった。時にはスタジオジブリ＊のビデオの上映会を行い、文化の拠点としての図書館作りを心掛けた。

またこの学校では、隣接する2教室が図書館として使われていたから、壁をぶち抜いて1教室として使えないものかという提案をしてそれが通った。2教室の背中合わせの黒板部分を外し、くり抜く壁の上部をアーチ形にして1教室にして欲しいという要望が取り入れられ、簡単な工事で図書館は2倍の広さになった。少子化の影響で空き教室が出始めた学校では、このような取組が始まったばかりであった。最初は、学校図書館への関心が高くなかった町の教育委員

＊スタジオジブリ＝1985年設立のアニメ制作会社。『となりのトトロ』『もののけ姫』『耳をすませば』等が当時生徒に人気だった。

会が、４年間の間に大きく変わり協力的になったのが嬉しかった。

「おお、教室の黒板部分を外して２教室を１部屋として使うのは名案だな。廊下を回って行き来をするよりずっといいと思うぞ」

「その通り！　１部屋として使えるようになると、司書教諭の私１人で２教室を見ることができるから。昼休みの生徒の動きもしっかり把握できたわ」


夏休みに息子２人を連れて、アメリカ人の親友の住むミシシッピへ出かけ、親友の息子が通う小学校の教室や学校図書館を見学して、アメリカと日本の違いを学び始めたのはこのころからだった。学校図書館にきちんと専任・専門・正規の職員を置いて、子どもたちの学びに対応する教育は、是非日本にも取り入れたいと思ったのだった。友人は息子の担任の先生に私をこう紹介してくれた。

「Ｍｉｚｕｈｏはここミシシッピよりも暑い日本の佐世保という街で、中学校の国語の先生と、学校図書館を担当しているのよ。おまけに１クラスの生徒は40人もいて、教室にエアコンもついていないの」

「まぁ、日本の先生は、なんて気の毒なの。ここは1クラス23人でエアコンもこのようにガンガンかけられるわ。今日は8月末から始まる新しい年度の準備をしているのだけれど、よかったら、アメリカに来て仕事をしない？」

この後どこの国に行っても、教科の授業と学校図書館を受け持っているというと、それはおかしい、そんな2つのことを1人の教員がやれるわけはないと言われたのだった。

もちろんこの時期に、国内にもミシシッピ並みの教育を行う自治体はあり、そうでない自治体との格差は開くばかりだった。日本の教員自体、視野が狭く、自分の市や県がスタンダードであり、自ら進んで全国大会に参加したり、学校図書館の全国組織に入会したりしない限り情報は入って来なかった。

「待て！ 海外にも出て行ったのか？」

「ええ、やはり自分の市だけでは考えもつかなかった学校図書館が、他市にあり、他県はもっとすごくて、全国大会で日本国内の情報を知ることができるようになると、海外の様子も知りたくなるわよね」
「わしと同じ考えだ。なかなか視野を広げるのは大変だったろうな」

〈再び市内の大規模中学校へ　朝の読書の開始〉

２００1年、６校目は本土に戻って大規模校への異動。1年目はまたもやいきなりの3年生担任で、生徒指導に追われ図書館の運営は難しかった。学校図書館の環境はひどく、８００人以上の生徒に4階の隅っこの1教室分のスペースの図書館しかなく、階段を挟んだ隣の教室は単なる書庫として本が収められていて常時施錠されていた。とりあえずは生徒が出入りできる方の部屋の整備から始めることにした。

「総合的な学習の時間」になると、なぜか下敷き1枚だけを持った生徒がぞろぞろと図書館にやって来るので見ていると、下敷きで閲覧机を使っての大ピンポン大会が始まった。テーマ別に分かれた調べ学習をしているはずだったが、図書館を活動場所にしていたグループは担当教員も黙認していてどうしようもない状態だった。何をするのか教員がよくわからないままにスタートした「総合的な学習の時間」の始まりは、かなり混乱していた。教員が自分がやれそうなテーマを設定し、教員間で調整して生徒の希望を取る。人数が多いので生徒の調整でも大混乱。それでも何か学習させねばと、この時期、環境学習やバリアフリー、国際理解をテーマにした講座が多く、セットものの高い本を何セットも担当教員からの依頼で購入した覚えがある。

とりあえず「読書センター」としての学校図書館は、このころ認知されていた。狭いスペースであっても、短い昼休みにちょっと覗いてみたくなる楽しい場所を目指して整備すると、生徒の利用は爆発的に増えた。そこに「総合的な学習の時間」が入ったことで、学習に図書館を利用するという空気が広がり始めた。2年目からの私は学年主任で、自分の学級がない分図書館に割ける時間が増えたので、「学習センター」としての図書館作りを目標にした。鳥取で行われた西部地区学校図書館活用フォーラムや、SLA全国大会（郡山大会）の発表でも声がかかり、日本中に出かけて実践を発表しながらその数倍の勉強をして持ち帰ることとなった。そうして学校図書館の仕事は、やればやるほど効果が表れるが、司書教諭は「充て職」なので、ますますその仕事時間が足りなくなることに苦しんだ。

　2002年SLA全国大会（横浜大会）では、司書教諭の仕事についての分科会で、「どう動けば司書教諭が図書館の仕事をする時間をもらえ、学校司書を配置してもらえるようになるのか？」を質問したが、なかなかこれという回答は得られなかった。分科会終了後、「横浜の学校図書館を考える会」の人たちから、声をかけてもらった。とにかく仲間を作って動くしかないよということで、「司書教諭の授業時数の軽減と学校司書の配置に関する要望書」のひな型を、どんな形で使ってもらってもいいから、やってみませんかと差し出された。

　後日データも送ってもらい、早速、私の所属地に合った文言に修正して、「要望書」を完成させた。要望書を持って学校図書館部会の長のところに出かけて行き、趣旨説明を行うのはかなりの時間を要した。本市と県のSLA会長の賛同を得て、県と市の教育長へ「要望書」を提出してもらった。毎年提出が必要だと横浜で学んでいたので、ほぼ1年ごとに変わる担当者にお願いに行き、また同じ説明を繰り返して協力的に動いてもらった。

県や市のＳＬＡの会長であった校長たちは、私の説明に最大の理解を示してくれた。ちょっと怪しげな人物と見られた向きもあったが、じっくり話をすると賛同してくれて、教育委員会へと「要望書」を持って出向いてくれたのだった。ただ3年目に、賛否はあったのだが「県や市から雇われている身分の教員が要望書を出すというのはおかしい」という意見の方が勝り、継続できなくなったのは残念だった。しかしこの活動は、その後の流れを見ると無駄ではなかったような気がしている。

「待て！　教員は教育のために良いと思うことを提案してはならぬのか？」

「要望は出していいという人もいたけれど、とにかくお上に逆らうな的な助言が多かったので、泣く泣く引き下がった次第なの」

「学校図書館のことを一番知っている者が、要望せずして誰がするのか？」

「私もそう思ったけど、世の中は難しい」

また同じ年ＳＬＡ全国大会（横浜大会）会場だった神奈川大学の学食で、トレーを持って並んでいるときに、当時勤務校のすぐそばの県立佐世保西高等学校国語科教員で司書教諭だった出口彰先生から、「本県にも朝の読書連絡会を作るので、中学校の理事になってね」と突然言われ、その気迫に押されて2つ返事で引き受けた。林公《はやしひろし》著『朝の読書が奇跡を生んだ』*で、朝の読書が全国的に広まり始めたところだった。元船橋学園女子高等学校社会科教諭であった林公先生は、全国の学校に何千通ものはがきを書いて、朝の読書連絡会への参加を呼びかけ、それに賛同したのが私に声をかけた出口先生であった。この出会いは、後の図書館活動にも大きな影響を与えることとなった。

　この年から、市の中学校図書館部会では、夏休みに市内中学校の図書館を回って「学校図書館ビフォー・アフター」を始めた。みんなで知恵を出し合い、書架や机、カウンターの位置を変え、本の廃棄を行い、おしゃれな飾りつけをするという楽しい取組だ。エアコンの設置されていない本市の学校図書館で、汗だくになりながら、ああでもないこうでもないと言いつつみんなで見違えるような空間づくりに励むのだった。偶然にも高校の文芸部の後輩で同じ国語科教員で司書教諭の畠本孝子先生が、先輩には逆らえないと常にサポートしてくれ

*朝の読書が奇跡を生んだ〜毎朝10分、本を読んだ女子高生たち〜（船橋学園読書教育研究会編著　高文研）

た。電動工具一式を揃えている彼女の力は大きかった。もちろんこの取組も２００２年から17年を経て、彼女を中心として未だに継続中である。

「おお！ それは良いアイデアだ。みんなでやると、知識が共有でき、そのノウハウが継承されることになる。『共知共創』*これは続けて欲しい活動であるぞ」

「ええ、これは今も確実に継承されているわ。座学より実際に体を動かした方が、何倍も記憶に残るし、すぐに実践に繋げられるのが大きな長所だと思うの。そして、学生時代の部活動の先輩後輩の関係は、大人になってからも効力を発することが有り難かったわ」

＊共知共創＝長野県立図書館長平賀研也氏の造語。「共に知り、共に創る」ひとりの学びから対話によって問いが生まれる。アウトプットを目指す中で新たな知とめぐり合う過程の学びを指す。

（2）そして羽化するとき

２００３年4月、私は初めて司書教諭としての辞令を市から受けた。と言っても私自身にとっては、今までと同じように図書館の仕事をするだけでこれまでと何ら変わりはなかった。しかし、50年間置かなくてもいいと言われた司書教諭が、やっと置かれることになったからには、もっと授業に絡める学校図書館を目指そうと決意した。学校図書館の掲示物、本の修理やブッカーかけ*など、私一人では手が回らない部分を、当時心の相談員として勤務されていた森田英子《ようこ》先生が、学校図書館ボランティアを立ち上げて手伝いたいと持ちかけてくれた。

校長に相談すると、「学校におけるボランティアというのは、校内の草刈りや花壇の花植えをするもので、図書館にボランティアなど聞いたことがない」と反対され、他県の事例を話すもなかなか理解を得られず、最終的には「ボランティアをさせてくださいというお願いの文書」を書くことで認められることとなった。どんな形でも図書館ボランティアを立ち上げることが目的であったので、森田先生と私はそれでも喜々として書類を作り校長の許可を得て、ボランティア募集を始めた。集まったメンバーの中には、司書資格を持つ市立図書館の嘱託職員や元職員がいて、専門的なことでも大いに助けてくれた。その図書館ボランティアは、皿の中で料理を引き立てるパセリのように、学校図書館の中で子どもたちを引き立てる存在でありたいという願いを込めて「パセリの

＊ブッカーかけ＝新着本に、汚れや日焼けを防止し本を長持ちさせるためのブックコートフィルムを貼る作業のこと。

会」と名付けられた。２００３年の結成から16年経った今も続くその会は、結成当時からのメンバーが保護者を卒業しても、地域のおばちゃんとして参加してくださっている。

「待て！　図書館ボランティアは自分の子どもが在学していなくてもできるのか？」

「小学校6年、中学校3年という時間にせっかく身に付けた学校図書館に於ける知識や技能をもっと生かすためには、地域人として関わっていただくことに限る。実際、ほんとうに助かっているわ。教員は短いスパンで異動するので、どんと構えてサポートしてくださる図書館ボランティアの存在は何物にも代えがたいものなの！」

「そうだなぁ。やはり、学校は地域の人々のサポートがあって、ますます充実した教育ができるのだな」

このころから、朝読書を勤務校でもスタートさせた。全校一斉に静かな音楽を流し読書の習慣づけを行うと、生徒たちは、少しずつ落ち着いてきたように思えた。各クラスに20冊ずつ、コンテナに入れた朝読書用の本を1か月貸出し、それを隣のクラスに回して順送りで交換していった。狭い図書館から、旬の本が常時400冊ほど各クラスに貸出されるのは、図書館としても助かった。生徒たちも、学級貸出の本をかなりの頻度で10分休みや昼休みに教室で読んでいた。これは、選書をクラスの図書委員に任せ、「朝読書をしない○○くんがはまりそうな本」という選び方をしていたのが功を奏したようだった。全校生徒が朝読書を楽しみにするようになり、そのころも中学生の読書離れが言われていたが、勤務校の様子を見ればそうではないと誰もが思える状態だった。

「ふむ、それはよいな。生徒同士で面白かった本を薦め合うことは、誰に薦められるよりも身近で、読みたい気持ちが5割増しになる」

「生徒は素直なのですぐに朝読書に馴染んだけれど、本当に厄介なのは教員だったわ。職員朝会のない日は、教室で生徒と一緒に読書をすることになっていたけど。採点したり、出席簿の点検をしたり、掃き掃除をしたり、15分間の読書ができない教員がいたのよね。それも特にコワモテの教員に限って……」

「それにはどういう作戦で臨んだのか？」

「ほら、イソップ童話*に猫の首に鈴を付けるネズミの話があるでしょう？」

「ふむふむ」

「図書委員がそういう覚悟を持った上で、やり遂げようということになり、その先生が好きそうな本を考えてコンテナに入れて朝読書の時間に薦めるようにしたのよ。最初は恐々だったけどね」

「だろうな」

「例えばバイク好きの先生に、バイクの本を薦めたり、運動部顧問にはテーピングの本を薦めたり。かなりの確率で成功したので、図書委員が嬉しそうだったわ。私も積極的にお薦め本の紹介をして、生まれてはじめて小説を最後まで読んだ！と数学の若手教員に感謝されたりして嬉しかったわ」

パセリの会との連携のお陰で、ずいぶんと学校図書館らしくなり、あっという間に4年が過ぎた。これから更に「学習センター」としての役割に力を入れ

*イソップ童話
（イソップ著
二宮フサ翻訳
偕成社文庫）

ようというときに私が異動となってしまい、パセリの会のメンバーからも残念がられながら大規模校を去ったのだった。せっかく軌道に乗り始めたところでの異動は、教員の宿命でもあった。

「待て、４年しかひとつの学校にいられないのか？」

「１校６年までなんだけど、３年したら異動対象になるのが私の県の仕組みなの」

「腰を据えて図書館を作るには、短いと思うのだが」

「そうなのよね。せめて最長の６年いられたら、ある程度のものが作れるのだけどと、いつも悔しい思いをしていたわ。次の司書教諭が学校図書館業務に時間を割けない場合、すっかり荒れ果てた状態になり、市の部会で昔勤務した学校図書館が会場だったりすると、あまりの変わりように悲しくなることがあった。積み上げてきたものが崩れていると『学校図書館賽《さい》の河原説＊』を説いてみたくなったわ」

「なーははは、『学校図書館賽の河原説』全国を回っているとわかるのが、怖

＊学校図書館賽の河原説＝三途の川の手前にある賽の河原では、親より先に死んだ子は石積みをせねばならないが、せっかく積み上げても鬼に崩されるという民間伝説から、せっかく作り上げたものが無駄な努力に終わることの著者によるたとえ。

いのう」

〈再び小規模中学校で　やれることはやってみよう！〉

2007年、7校目は市内の中心部に近い学校で、学年2クラスの小規模校。ここでも学年主任となった私は、学校図書館の仕事に尽力した。この学校は以前ビフォー・アフターを行った学校でもあり馴染みがあった。念願の「学習センター」そして「情報センター」としての機能を持たせるため、授業で使える図書館作りを目指した。昼休みの開館時は、いつも賑わいを持ち、選択技術の授業と提携して図書館の書架や案内板を作ってもらった。また、野球やサッカーなど教員が定期購読している雑誌を譲り受け、スポーツコーナーの充実を図り、資料費は潤沢ではなかったが、知恵でそれを補った。

「よいぞ！　お金がないなら知恵を絞れだ。ちょっと遅れても先生寄贈のスポーツ雑誌は嬉しいだろうな、生徒にとって」

「ええ、それを楽しみに図書館に来る男子生徒が増えたわ。そのそばにテーピングやストレッチ、栄養バランスの取れたスポーツ人の食事などの本を置くと、次々に借りられていったわ」

ＡＬＴ*による昼休みの英語での読み語り、センダック作『かいじゅうたちのいるところ*』は、子どものころにこの本の主人公マックスと同じ衣装（蛾のおっさんに似ている白の着ぐるみ）を母親に作ってもらい、どこに行くにもそれを着ていたというアメリカ出身の青年が、主人公のプリントされたＴシャツを着て、読み語りをしてくれた。

オーストラリアの姉妹都市から1週間交換留学生として来校した生徒2名と引率教員夫婦は、図書館の掲示物を作成し、オーストラリアについての話を昼休みにしてくれた。

私自身は、県内の図書館人との横のつながりができ、「県立図書館在り方懇話会」の学校代表メンバーに推薦された。東京や大阪からやって来る図書館学の著名人（日本図書館協会理事長　塩見昇、文部科学省「これからの図書館在

＊ＡＬＴ（Assistant Language Teacher）＝外国語指導助手。日本人の教員を補佐し，主に会話の指導にあたる外国人補助教員のこと。

＊かいじゅうたちのいるところ（モーリス・センダック著　じんぐう てるお翻訳　冨山房）

り方検討協力者会議」委員　常世田良、筑波大学附属図書館長　植松貞夫各氏）
そして長崎県出身の脚本家市川森一[*]氏らと共に年間10回の県の会議に出席した。
公共図書館の勉強もしなければと、この頃から公共図書館巡りを始めたのだった。

「待て！　なんだかすごいメンバーの中に入れてもらったものだな。かなりの勉強になる会だったと思われるぞ」

「そうなの。その時は公募委員の熱心な2人と、意見の食い違う市川森一氏を論破しようと、何度も集まって勉強会をしたわ。そのうち市川森一さんが、中央教育審議会委員に任命されたから学校現場のことを教えて！　とメール交換をするようになり、しまいには一緒に飲みに行く仲になったのも、市川さん亡き今、大切な思い出だわ」

「そうか、市川森一さんは若いころは『怪獣ブースカ』や『ウルトラセブン』『ウルトラマンA』、『コメットさん』など子どもに人気のドラマの脚本を書いていた人だったな。わしはおっさんなので、結構知っておるぞ」

＊市川森一＝１９４１～２０１１年は、日本の脚本家、劇作家。日本放送作家協会理事長を務めた。長崎県諫早市出身。日本大学芸術学部卒業。ＴＶドラマ「快獣ブースカ」でデビュー。１９６０年代から７０年代は《ウルトラシリーズ》の脚本など、子ども番組でヒット作をてがけた。１９７８年、ＮＨＫ大河ドラマ《黄金の日日》で、ＴＶドラマの脚本家としての地位を確立。芸術選奨文部大臣賞、向田邦子賞、日本アカデミー賞など受賞多数。

「その頃、大学生の息子が住んでいた水戸市によく遊びに出かけ、茨城県立図書館や市立図書館にも勉強のため見学に行ったの。公共図書館について学びたくてというと、館長や司書がみなさんとても親切に案内をしてくださって。学校現場とはちょっと違う対応で、司書教諭も教員であると共に、図書館の仕事をする人として認識してもらえて嬉しかったわ」

また、２００５年8月4、5日県立長崎シーボルト大学（当時）で開催した九州地区学校図書館研究大会（ＳＬＡ九州大会）長崎大会の実行委員として、県内学校図書館人をまとめる仕事も任された。学校図書館大会は、小中高校という校種の違う教員たちが一堂に会するので、この経験のお蔭で、県内にどんな学校図書館人がいるかが把握でき、その後につながる流れができた。点が線となり面となるということを肌で感じる体験だった。

それから、自分の学校や市、県の学校図書館のレベルアップと共に、公共図書館とのつながりを模索するようになった。その取組のひとつとして、「在り方懇話会」で一緒だった市立図書館長に出勤前に出前ストーリーテリングに来てもらい、館長の十八番『耳なし芳一*』を、朝読書の時間に1クラスずつ2週間かかって全クラスに語ってもらった。鎧を着た平家の亡霊の歩く音「カシャ、カシャ」というオノマトペ*は全校生徒の流行りことばとなり、校舎のあちこちで「カシャ、カシャ」と言いながら歩く生徒が出没。「芳一、芳一」と同級生に呼び掛けるという光景に思わず笑ってしまった。もちろん朝読書も軌道に乗っていて、どの生徒も昼休みに図書館に来ては、カウンター前に集まって、お気に入りの本について私に語るのだった。私は聖徳太子ではないので、一度に何人もの話は聞けないからと、同じジャンルの本を好む生徒を繋いで話をさせると、案外楽しそうに語り合っていたのも朝読書の効用だった。

「公共図書館と連携するのはよいぞ！　こちらも多くの資料を提供してもらえるし、向こうの行事に参加の協力をすることで向こうも助かるＷｉｎ－Ｗｉｎの関係というやつだな」

「生徒が書いたＰＯＰを市立図書館に飾ってもらうと、それを見るために家族で図書館に行き、みんなで利用カードを作って来たと話す生徒もいたわ」

＊耳なし芳一
（小泉八雲 著
保永貞夫 翻訳
黒井 健 絵　偕成社文庫）

＊オノマトペ＝擬音語（聞こえる音を模した表現）例：ワンワン、ガチャリ、擬態語（音は聞こえないがそのものの様子を表現したことば）例：ぴかぴか。「オノマトペ」自体はフランス語。

この時の主要教員メンバーで、長崎県内で1974（昭和49）年、第9回大会以来開かれていなかった学校図書館研究大会を復活できないものかという話が持ち上がり、奔走することになった。そしてついに2008（平成20）年8月18日にシーハット大村市コミュニティセンターにおいて、34年間途絶えていた長崎県学校図書館研究大会を復活させることができたのだった。

長崎県には、都道府県立図書館が中心となって開催する図書館大会がなく、県内の様子が見えて来ないのが大きな問題点だった。県立図書館は協力車で県内をくまなく回り、市町の公共図書館へのサービスをしていたが、1対多数のつながりであり、横のつながりが見えなかった。しかし、この大会によって、各地区の公共図書館司書を講師に招いたワークショップを企画したことで、県内のどの公共図書館がどのような取組みをしているのかが見えて来た。それぞれの公共図書館と学校とのつながりが可視化できるようになったのも大きな成果だった。

「待て！ 34年も途絶えていた大会を復活とは、ご苦労なことだったな」
「一旦止めてしまったことを復活させるのは、本当にエネルギーのいることだったわ。でも、これが絶対に長崎県の子どもたちのためになるのだと思うと、何とかやり遂げたくてみんなで突き進んだ感じだった。本当は毎年開催をしたかったのだけれど、とりあえずは隔年開催でということで、２０１８年現在で第14回大会まで開催できているわ」

また、私事旅行でアメリカのカリフォルニア州サンディエゴ市を訪れ、アメリカ人の友人が、「あなたの見たいものはわかっているわ」と、その近辺の図書館を案内してくれた。そこで、なんと、ビーチにも図書館があることを知った。水着姿で図書館に出入りする様子に、国民の中に図書館がしっかりと根付いていることを実感したのだった。ビーチパラソルの下で、海につかりながら、またプールサイドで読書をする人たちを見て、アメリカ人の「どこでも読書」の姿に感銘を受けた。

図書館ボランティアの募集は、この学校ではすんなりと行き、「ちちんぷいぷい」というグループが生まれた。私の高校の同級生もメンバーにいて、その活動時間が空き時間であれば顔を出して一緒に新着本のブッカーかけを行った。ボランティアとの共同作業は良い気分転換にもなり、仕事の忙しさから心だけは解放される気分になるのは、根っから図書館が好きだからだと思った。しかし残念ながらこの学校も、やっと図書館が授業に使える状態になりこれからという3年が過ぎたときに、異動となってしまった。

このころ、県の生涯学習課参事だった児童文学研究家でもある二羽史裕先生の仕掛けで、県内の小中学校に10名だけ県が半分お金を出すので学校司書を配置しないかという取組が始まり、本市は4名の枠を獲得した。当時70校以上あった小中学校から4校をまず選び、学校司書を配置することとなった。私は、学校司書との協働授業を実践したくて手を挙げたが、前年度の学校図書館の年間貸出数が少ない学校に配置をして、その効果を見たいということで、小さい学校ながら貸出冊数トップクラスだった勤務校は選ばれなかった。

その様子は「はじめに」に書いたが、まだその頃は、貸出冊数が指標となる時代であったので、仕方がなかった。ただ1度きりだったけれど、中学校図書館部会の研究授業での学校司書との協働授業は忘れられない。こんな授業がずっと当たり前に行われている自治体もあるのだと思うと、日本国内の学校図書館格差を何とかせねばという気持ちが募った。残念ながらその後も、学校司書と一緒に仕事をする機会には恵まれないまま、年月だけが過ぎて行った。しかし本市の学校司書は、その後18名まで増えることとなった。

「待て！ 市内小中学校70校に18名の司書とは、人数が足りないと思うのだが」

「とりあえず市は、どの学校にも一度は学校司書がいる環境を体験させる計画で、短いスパンで配置校を1校専任で変えていったの。学校司書にしてみれば、やっとその学校に慣れたところで、さて本格的に仕事を始めようというときの異動で、辛かったようだわ」

「学校司書は図書館を整頓して本の貸出を増やすことが一番の仕事だと思われている自治体があり、1人で何校も兼務しているケースがあるのよ。私の知っているところでは、1人10校兼務があるわ」

「じゅ、10校？？？ それはひどすぎる」

〈合併のための閉校を控えた小規模中学校は欧米並み〉

２００８年、８校目に勤務した学校は、市の最も中心にあり3年後に近くの中学校と合併され閉校となる予定の学校だった。1年生の学年主任になった私は、この学校最後の卒業生を送り出し、学校を終わらせるという使命を受けていた。この学校の図書館も、ビフォー・アフターで訪れた学校であり、そのころになると、学校名を聞くとそこの学校図書館の様子が浮かぶようになってきていた。

この学校の図書館の長所は、2階の職員室のすぐそばにあり、おまけにビフォー・アフターのときにドアを外してオープンにしたので、いつでも覗ける し、いつでも入れる状態で、日当たりが良く明るいのも良かった。よし、3年間ここを知の拠点にして、授業も読書活動もさまざまなイベントもやろうと決めた私は、さっそく準備に取りかかった。

空き時間に市立図書館に行って、本を借りて戻れるという便利さもあって、市立図書館との連携もますます深まった。児童室のベテラン司書に来てもらって、中学校図書館部会でブックトークの指導を企画し好評だった。私の学年は1学級27人と28人の2学級。欧米並みの少人数で、様々な取組が可能だった。前前任校の図書館ボランティア立ち上げにも慣れ、ここでもすぐに人が集まった。図書館ボランティア「パセリの会」との交流会も行い、ボランティア同士の情報交換もできた。

「待て！ 40人学級のニッポンにも、20人台の学級が存在するのか？」

「これがきっちり40人になれば1学級になってしまうけど、41人なら20人と21人の2学級になるというのが今の日本。同学年50人くらいいれば、ちょうどいい欧米並みの小規模2学級になるのよ」

「それも教育格差だと思うのだ。大規模校の方が損だな。200人なら40人の5学級だが、201人なら33人から34人の6学級。大規模校の数名の転出入は日常茶飯事だと思うからなぁ」

「蛾のおっさん、結構数字に強いのね。まさにその通りで、1学級33、4人学級の7学級が、翌年転出によって40人MAX6学級になって、教員も2名減になり大変なことになった経験があるわ。極端に言うと生徒が1名減っただけで、1学級減になれば教員が1、2名減るのだから」

「何でそこまで杓子定規なのか、この国は？　もうちょっと幅を持たせることができないのか？」

「ほら、そこは教育にはお金をかけたくないから、児童生徒がゆったり過ごせることよりも、教員を減らしてその分のお金を他に回すことが、国にとっていいことだと思われているのよね」

「なんかわしの考えと合わない国だなぁ」

「そう、私もその点が一番この国と合わない」

【レッスン7】

現在の公立小中学校は、文科省で定めた小学1年生の35人学級以外は中学3年生まで40人学級である。「中1プロブレム*」に配慮して、中学1年

*中1プロブレム＝小学校から中学校に進学した際、不登校やいじめなどが増加する現象のこと。中1ギャップとも。

生にも35人学級を採用している都道府県もある。各学校は新年度の始業式の午前中までの生徒数で学級数を確定する。
例えば40人の3学級編成120人ぎりぎりでスタートした2年生があったとする。朝からワイワイと掲示板に張り出された新しい学級を見て、新しい担任に会って、スタートを切る。ところがそこへ急に1名の転入生が来ると121名になり、1学級30名の4学級（31名が1学級）に編成をし直し、新たに教員1名を増員することとなる。逆の場合は教員を1名減らすため、他校に無理やり異動させる。私は何度か両方の場面に遭遇したことがある。ある生徒にとってはせっかく仲良しと一緒になれたと喜んだのもつかの間、幻の学級となり、そこから学校に足が遠のいた例もある。都道府県の裁量で、今は1学級の人数を決められるが、教育に予算をかけない自治体は、今でも杓子定規にこの規定を守っているのだった。

修学旅行は3年生の6月に鹿児島へ行くことになっていたが、1年次から2年かけて「鹿児島学」として徹底的に鹿児島を学んだ。市立図書館から多くの資料提供を受け、旅行会社から各種資料をもらい、鹿児島の観光協会とも連絡を取った。観光案内ＤＶＤ、特攻隊関連の映画ＤＶＤ、それらを見たり調べたりするにも図書館は絶好の場所だった。班別自主研修先もかなりの広範囲にわたり、桜島に渡る班もあれば、平川動物公園*にコアラを見に行く班もあった。バスや電車、ＪＲの時刻表をしっかりと見てそれぞれが計画を立てた。

すべての班の計画を旅行会社の担当者にチェックしてもらったら、「あまりにきちんと計画されていて鳥肌が立ちました！」と言われ私も驚いた。1年次にもらった鹿児島市の資料は、クーポン券の使用期限が切れているので新たに取り寄せて欲しいとの要望も出た。充実した事前学習によって鹿児島に詳しくなり過ぎて、旅行当日のバスの中で現地のガイドさんの説明を訂正する生徒まで現れた。ガイドさんには気の毒だったが、よく調べていることを褒めてもらい生徒たちは嬉しそうだった。

生徒が行うブックトークも3年間毎年国語の授業で扱い、ＮＩＥ授業も活発に行った。新聞投稿においては3年間で32本が紙面を飾り、新聞記者2名が来校し25名の投稿者と座談会を開くなど、新たなことに挑戦できたのだった。こ

＊平川動物公園＝鹿児島市平川町にある1972年開園の動物園。コアラがいることで有名。2019年現在11頭のコアラと3頭の赤ちゃんコアラがいる。鹿児島中央駅からバスで55分。ＪＲで25分プラス徒歩20分。

の学校の勤務中に全国ＳＬＡ海外視察に参加し、２００９年１月にシカゴ、ボストン、ニューヨークの小中高大学図書館と公共図書館18館を見学した。アメリカの学校図書館は個人的に見学したこともあり、また佐世保市内の米軍基地内の図書館にも数回訪れていたので、内情がよく理解できた。

同じくこの学校の勤務中に、東京に進学した次男と同じ法政大学の通信教育課程文学部日本文学科の３年生に編入をした。夏休みの３週間を次男のアパートから大学に通うという学び直しは、私自身の知識の幅を広げることに大いに役立った。それと同時に、さまざまな立場で学びに向き合う同志たちに出会い、語り合い、共に真正面から文学に向き合うことが快感になった。もちろんその傍らには、いつも図書館があった。

法政大学の図書館はもとより、山手線沿線私立大学コンソーシアム＊という制度で、青山学院大学や明治大学の図書館にもお世話になった。最短２年で卒業できるはずが、５年かかったが、卒業論文は『小説作品の中の図書館―『海辺のカフカ＊』を軸にして―』として、フィールドワークにも出かけた。村上春樹が中高校生時代に通っていたという神戸の旧芦屋市立図書館＊や、講義に出ずに

＊山手線沿線私立大学コンソーシアム＝ＪＲ山手線沿線の私立大学８校による相互協力協定。協定校の大学図書館を利用することができるシステム。

＊海辺のカフカ＝村上春樹の長編小説。２００２年初版刊。（村上春樹著　新潮文庫）

1日中そこで本を読んでいたという早稲田大学の演劇博物館図書室*は、いずれも建物そのものが物語の世界のようで、こんな場所で本を読みふけって育ったことが、今の春樹の血となり肉となったことを感じた（写真11、12）。

図書館が作家を生み育てることもあるのだと、2つの図書館の前に立った時に大いに感動した。図書館という存在そのものが1人の人間に与える影響の大きさを知ったのは、この卒業論文への取組からだった。私のように身近に公共図書館がなかった場合、学校図書館の存在は大きいということに改めて気づかされたのも、大学における学び直しからであった。


「どうすれば、ニッポンが教育に力を入れるようになるのか、わしも本気で考えているのだ」

「私も、常にそれを考えているわ」

「とにかくあきらめずに発信していくことだな」

「そう！ 日本の学校現場の様子をもっと国内外の人たちに伝えたい」

*旧芦屋市立図書館（写真11）

*早稲田大学坪内博士記念演劇博物館図書室は1階にある（写真12）

勤務校閉校後は、即、校舎取り壊しで、その後同じ場所に学校新築という予定だった。合併先の学校での借り暮らしの間、勤務校の書架と蔵書の半分は、そのまま使用予定の体育館のアリーナへ、半分は合併校へと運ぶ作業はこれまた大掛かりで大変なものだった。

合併後の新図書館の青写真づくりにもＰＴＡ会長の声かけで私も参画し、海外での視察を活かして、パソコン室と学校図書館がドア１つで行き来できる構造を基本に、夢を形にする図書館の図面を作った。残念ながら、３・11東日本大震災による建築資材の高騰で、予算を削らざるを得なくなり、図書館内部は夢とは異なる出来上がりとなったが、パソコン室と学校図書館が隣り合わせのドア１枚で行き来できるコンセプトだけは受け継がれた。

３・11という大きな災害の翌日、遠い東北の地に思いを寄せながら無事卒業式を終え、３年生担当教員は全員異動となった。閉校するこの学校の図書館は、充実した活動で幕を閉じた。ただ1点、学校司書がいなかったことを除いて。

「この学校に、学校司書がいれば、もっといろんなことが出来たのだろうとわしも思うぞ。返す返すも残念である」
「ほんと、そこが最も悔やまれるところだわ」

この学校では、「職員室でも朝読書を！」のスローガンのもと、朝読書の時間に担任は必ず教室で、それ以外の教職員は職員室、事務室、校長室で読書を行うことに取り組んだ。職員の打ち合わせは夕方に回し、朝の連絡は小さな紙に印刷したものを朝読書終了時に教務主任が各学級にいる教員に配った。生徒を落ち着かせるのは朝読書だという校長の考えが大きく影響し、この学校の様子を、長崎県朝の読書連絡会ではＤＶＤにして会員のいる県内小中高校に配布した。また、求められれば県外には廉価で販売した。

長崎県朝の読書連絡会は、会長の元県立長崎明誠高等学校校長の久間圭祐先生のお陰で、全国組織といいながら、長崎が突出して会員数が多く、活発な活動をしていた。その久間先生の「朝の読書で先生たちこそ本を読んでもらいたい」「朝読書でカタルシス*を味わう」という話は画期的だった。

また、朝読書を始めてから、教室や廊下のガラスの破損が減ったり、校内で

＊カタルシス＝心に鬱積した気持ちを浄化させること。

のけが人が減ったりという養護教諭の分析もあり、生徒の心を落ち着けるための朝読書の効果が実証された。生徒たちは呼吸をするように読書をするという習慣づけによって、よく本の話をするようになった。そして様々なジャンルの本を手に取るようになって来た。誰もが敬遠するような分厚い本、19世紀の世界の小説21篇を収めたアンソロジー『諸国物語』*は、社会科のE先生が借りて読めなかったことをPOPに書いて展示すると、図書館に来た生徒たちの間で何日で読めるかの競争に発展。ポプラ社の編集者にその旨を伝えるメールをすると、感動してすぐに生徒たちに返事の手紙をくれた。本を作る立場の人間と、読む側の生徒たちがつながった瞬間に立ち会えて私も嬉しかった。

「ちょっと待て！ 新聞記者や出版社の編集者との交流は楽しそうだ。生徒の反応はどうだったのか？」

「生徒たちは、新聞に自分の投稿が載ることで自信をつけ、自己肯定感を持つことにつながったわ。親や祖父母、親戚がわざわざコンビニに新聞を買いに行ってくれたり、遠くの親せきから新聞見たよと電話があったり、みんな嬉し

*諸国物語（ポプラ社）

そうに報告してくれた。編集者からの手紙は、今も大事に持っていると成人式のお祝いの時に聞いたたっけ

「外部との交流というのも、生徒たちにとっては大事なことなのだな」

〈最後の勤務校は出戻りの大規模中学校　やっと巡り合えた学校司書〉

2011年、9校目は、6年前に勤務していた大規模校へ戻るという異動だった。そこには週に2日だけ勤務する新人学校司書がいて、少しずつ学校司書のあり方を伝えることを試みたが、週に2日ではなかなか難しかった。

図書館ボランティア「パセリの会」のメンバーには「お帰りなさい！」と大歓迎を受けた。何とか、この学校の規模に対して小さ過ぎる図書館を、空き教室3つ分を使った場所を改築して移転できないものかと「新図書館構想」をこの学校での勤務の最重要課題として「パセリの会」のメンバーと考えた。実は前回の勤務の時にも、校長に相談し、教育委員会総務課の担当者に学校に来て

もらい、壁をぶち抜いての2教室分のスペース確保ができないものか相談したことがあった。しかし当時の空き教室は4階建て校舎の1階部分にあり、耐震性を考えると壁のぶち抜きは無理であると判断されたのだった。

しかし、今回は3階建て校舎の3階部分に空き教室が2室あり、耐震性に問題がないという判断を得て、俄然やる気が出て来た。とにかく戦略的に動いて行こうと策を練った。「新図書館構想」を推し進めるに当たって、まず校区内の市会議員に直接「パセリの会」のメンバーが話しに行き、4階の狭い1教室分の図書館に昼休みごった返す生徒たちの様子を見学に来てもらうことにした。4階の隅っこの1教室分の図書館に100名近い生徒が熱心に読書している様子を議員さんに見てもらった後、話はとんとん拍子に進んだ。それに伴う書類作成は、日常業務にプラスされずいぶんと大変な仕事ではあったが、生徒たちのために新しい図書館ができるならと頑張った。こういうときは、パワーが出るものだ。

夜のPTA会議でも説明し、応援を取り付け、話は具体的に進んで行った。新図書館には、どうしてもエアコンを入れたかった。市内の他の小中学校の図書館には、エアコンは未設置だったが、勤務校は特に校舎とグラウンドに距離がなく、窓を開けると砂ぼこりが入る。本を傷め、掲示物がすぐに風で吹き飛ばされることを防ぎたかった。ＰＴＡ予算でエアコン設置は可能だったが、そこは市教委の許可が下りず、冷風機と扇風機を取り付けることになった。それでも効果はかなりのもので、暑い夏にグラウンドに面した窓を開け、砂ぼこりで本がざらざらになることは防げたし、ごった返す館内で汗だくで本を読んでいた生徒たちに、ひとときの安らぎを提供できた。

「待て！なぜ、学校図書館にエアコンを入れてはならぬのか？」

「実は市内27校中、町村合併前から設置してあった1校と、新築校舎のもう1校にはエアコンはあるけれど、それ以外は不平等になるから設置は許可できぬということで。市が一斉に設置するまで待てと。そして今なお実現していないの。2年前に教室に1台扇風機がついただけでも生徒は大喜びで、切なかった」

「学校の施設設備は、まったくトホホじゃなぁ」

「ただこれも自治体によって大きな差があって、同じ県内でも図書館はエアコン完備のところが多いのよ」

「東京都内は、ほぼ100％教室にもエアコンがあるし。そうかと思えば気温が40度超えだった岐阜県多治見市の場合は、教室のエアコン設置率0％だし」

「その差はそのまま自治体の予算の差なのか？」

「そうとばかりは言えない。教育にお金をかけるかどうかという意識の差だと思うわ」


2011年8月には、全国SLA海外視察でオーストラリアのブリスベン、シドニーの小中高大学図書館と公共図書館18館を見学したことで、より一層よその国との比較ができるようになった。新図書館に取り入れたいことのヒントをオーストラリアで得ることができた。

新図書館の図面ができた。

2校目の勤務校での校舎新築の折、実際に利用する教員の声は一切聞いてもらえなかったことを思い出しながら、図面を見て本が倒れないように書架の仕切りを入れてもらう提案をしたらすんなり通った。２教室ぶち抜きだが、将来的にはもう1教室まで図書館スペースにすることを視野に入れ（実際学校図書館スペースは４教室分と定める他県の自治体もあった）、その教室との境目の壁には棚を作らず、壁のままにしておくようお願いをした。工事が始まってから毎日時間を作って見に行くと、業者さんとも親しくなり、「ここはもうちょっと、高さを押さえられませんか？」「いいですよ、同じ予算でできることなら」と変更出来た部分が多くあり、以前と違って柔軟な対応をしてもらえることが有り難かった。そうして、柔らかな木のぬくもりのある新図書館が誕生したのだった。

新図書館への移動計画も、「パセリの会」の協力で何とかうまく行き、部活動の生徒と教職員の協力を得て、重たい書架の移動も、８０００冊の本の移動も何とかこなした。特に本の移動は、ビニールテープでまとめ、運び、テープを切って排架するのは面倒なので、コンテナに入れて運ぶことを考えた。

校長が親類のミカン農家からコンテナをたくさん借りてきてくれて、ひもで結ぶ、ひもを解くという二手間が省けて大いに助かった。借りてきたコンテナを前もって洗い、拭くという作業も「パセリの会」で請け負ってくださった。大勢の人々の協力で新図書館への移動は完了し、排架は司書資格を持つ「パセリの会」メンバーと、当時すぐそばの県立工業高校の学校司書を退職したばかりの元保護者でもある知人が、手伝ってくれた。木彫りの額をプレゼントしてくれた代行員*さん、隙間書架を作ってくれた管理員*さんと周りの人々に恵まれて、ようやく新図書館はオープンし、昼休みは生徒たちで溢れ返る場所となった。

＊代行員＝用務員の学校管理員の勤務時間外に、シルバー人材センターから派遣される人。

＊管理員＝いわゆる用務員のこと。学校管理員。

「いろいろな人の手を借りて新しい図書館を作って行く。理想的な形じゃな。大きなプロジェクトは、1人で背負わずに役割分担をしながら進めて行く。これは、全国の新図書館構想がある学校に伝えたいものだ」

ただ残念なことに、こんなにいい図書館ができたというのに、学校司書未配置のため私の授業中は鍵をかけねばならなかった。空き時間は必ずいるようにしても、週に20時間授業を持っていたので、昼休みと放課後以外は、週に10時間しか開館できず。それで図書館と言えるのか？と考えた。そこで浮かんだ名案（迷案？）は、「だったら20時間の私の授業を図書館でやろう！」ということだった。そうすれば移動の必要がなく10分間の業間にも、図書館を覗いた生徒に貸出ができるし。まぁ、欧米の教科型教室のようなもので、鍵がかかっているよりはいいかもと判断した。

やってみると案外評判がよく、国語の授業中に出てきた疑問が、「君の後ろの本棚の○○という本に答えがあるから」という場面が頻繁にあった。生徒たちがやって来る前に、授業の関連図書コーナーを作ることもできた。もちろん、図書館ひとり占めは良くないので、使いたい時はいつでもどうぞと断りを入れておいた。調べ学習で社会科が、雨でグラウンドが使えないので体育科が、「図書館を使いたい」といわれたら教室で授業を行う。ただ、学校司書がいない図書館で司書教諭が一番困ったのは、授業中の教室に「今図書館で授業をしているのですが○○の本が見当たらないのです」というヘルプが増えたこと。きっと、私の授業中の教室に「ちょっと、すみません」とやって来るには、どの先生も勇気がいったことだろう。しかし、「あの本が見つからないから適当に他の本で調べとけ」と言わなくなったことが嬉しくて、授業中の教室から、生徒に「ちょっと、このページの漢字をノートに書いておいて」と指示を出して図書館に走った。そうすると、待ってましたとばかりに他の生徒も、あの本はどこですか？ とか、○○が載っている本はありますか？ と次々に聞いてくるのだった。何十年も前から学校司書が常駐している自治体の児童生徒は、数字には表れないが、きっと課題解決力に優れているのは間違いない。今まで、適当に調べておこうで済ませていた勤務校の生徒たちが、短い間にこんなに変化したのだから。

そう考えると、ほんとうに、学校図書館に学校司書がいないことが残念でならなかった。もしくは、昭和の初めに考えられていた免許制専任司書教諭がいたら、日本人はもっと賢くなっていたのだろうと思うと、残念を通り越して絶望するのだった。

「あの吉田首相の『バカ野郎解散』というのが、65年経った今でも子どもたちの学びに影響しているということを、本人は知らないのじゃな。いや、あの世でちょっと後悔しておるか」

「せめて吉田茂首相の孫である、財務大臣の麻生太郎氏が、学校図書館に専任司書教諭か専任学校司書を置くことにしてくれたらいいのになぁ」

「それは名案だと思うぞ」

その年の1月から3月までの3か月間は、市内70校の小中学校図書館電算化*のため学校図書館が使えなくなった。そこにはきちんと電算化のための臨時職員が雇用された。他市町では、教員でその仕事を分担したところもあるという情報をつかんでいたので、本市の方法に安堵した。「パセリの会」も活躍して、本へのバーコード貼りを手伝ってくれた。しかし、図書館のパソコンで打ち込んだバーコードは、別館2階（傾斜地の建物のため実質は6階に当たる）のパソコン室のプリンターで印刷されるので、そこまで、5、6分かけて取りに行かねばならないという、何とももどかしい方法だった。おまけにそこに行くには、一旦職員室に、別館校舎入り口とパソコン室の鍵を取りに行かねばならないのだった。そんな不便な状況であっても、図書館に置けるプリンターを買う予算はなかった。

＊小中学校図書館電算化＝購入した本を図書台帳に1冊ずつ、書名、著者名、購入年月日、分類番号、購入書店名等手書きで記入していたものを、コンピューターに登録し管理できるようにすること。この作業によって、児童生徒への本の貸出や統計、未返却者一覧作成などが簡単にできるようになる。しかし、すべての本にバーコードを貼り、1冊ずつ入力して行く作業は片手間にできる仕事ではない。

今後図書館を運営していく上で、せっかく図書館システム*が入っても、学級の貸出一覧や返却請求票をその場で印刷できないのでは意味がないと何度も交渉したが、残念ながら予算がないので無理だと言われた。そこで私は強硬手段に出て、使用回数の少なかった職員室の隅っこのプリンターをこっそり図書館に運んで設置。ところが1週間たっても誰も気づかなかったというおまけがついた。学校の備品の認識は案外そんなものなのだった。

閉館を余儀なくされた3か月間は、生徒たちにとって待ち遠しい時間だった。その間、図書館の電算化を機に、図書カードを生徒全員に持たせたいという職員会議での私の提案が通り、図案を考える係、色画用紙を切る係、印刷をする係を職員が分担し、ラミネートをする係はパセリの会にお願いすることになった。大勢の職員の協力を得て出来上がった生徒・職員・ボランティア用の800枚の図書カードは、趣旨説明をして学級ごとに配布をした。

電算化が済んで4月の開館と同時に、溢れんばかりの生徒たちが昼休みの図書館にやって来た。バーコードリーダーでピッとバーコードを読み取るときの音がみんな嬉しいようで、「おお!」と歓声が上がった。「まるで市立図書館み

*図書館システム=コンピュータで図書館の蔵書を管理し、貸出を行う仕組み

たいですね！」と生徒たちは大喜びだった。しかし、そこに何クラスか、「図書カードをもらっていません」という生徒が出て来た。担任に確認すると、「配り忘れて職員室の机の書類の山に紛れていた」とか、「失くすといけないので自分で預かっていて、図書館に行くときに自分のところに取りに来るようにしています」とかの回答に思わず脱力。図書カードを忘れても、図書館のカウンターには全学級のバーコード一覧表があり貸出できるからと職員朝会で話したのだけれど。なかなか指示が徹底しないのは、大規模校あるあるなのだった。

「そうか、大きな学校では全学級の足並みがなかなかそろわないのだな」

「残念ながらそうなの。1学年3学級くらいが、一番足並みがそろうと経験上私は思うわ」

そんな勤務校に2013年4月、学校司書が配置されることになった。拠点校3日、兼務校2日の勤務（本校は拠点校）ではあったが。市立図書館との協力校提携事業に手を挙げ、授業活用に力を入れるということで、学校司書を配置してもらう作戦が成功したのだ。この頃になると、学校図書館の良し悪しは、貸出冊数の多さだけで測るのではなく、授業に活用されているかどうかによって測るべきという視点が出て来たのだった。市内70校余りに18名の学校司書が2校兼務、未配置校が半分ある状況での学校司書獲得に、私は飛び上がりたいほど喜んだ。4月のオリエンテーションから、学校司書はパワーポイントを使って資料を作成し、私は授業が終わると休み時間ごとに、職員室ではなく図書館に戻り、打ち合わせをしながら、準備を進めてもらった。司書教諭1人だったら、授業をしている間はストップする図書館の仕事が、止まることなく進められるので、とにかく物事がスムースに進み、学校司書の存在の大きさを実感する毎日だった。

「そうか、今気づいたのだが、司書教諭というのは授業をするから、図書館の仕事をしていても途切れ途切れになるのだな。学校図書館の仕事は、掛け持ちでできるような仕事ではないというのがわかってきた」

「ええっ、今気づいたの？ とにかく集中して図書館の仕事ができないのがまた非効率的で困ったことなのだけど、学校司書と2人で運営できれば補い合えるのよ」

学校司書との協働授業は、まず私の担当する国語科3年生5クラスから始めた。単元に入る前の興味関心を引くブックトーク、単元学習後の発展読みを誘うブックトーク。図書館の廊下側の窓は透明ガラスで、授業の様子が廊下から見えるのも狙った通りの効果が見られた。他学年の生徒たちが、授業中に廊下を通りながら、図書館内の様子を見ていて、「3年生ばかりずるい、ぼくたちも司書の先生の授業を受けたい」という声が上がるようになったのだ。そこで、1年生、2年生の国語科でもブックトークを実施してもらった。

学校司書との事前打ち合わせで、どんな目標でブックトークをお願いするのかを話し、図書館で数時間授業を行い、学校司書にはカウンターで仕事をしながらその学年や学級の雰囲気や特徴を聞き耳を立ててつかんでもらい、本番に役立ててもらった。

総合的な学習の時間の1年生に対する市の事業である「ふるさと歴史発見」

では、市立図書館に資料をお願いして、資料を使った授業の時には、学校担当司書に市立図書館から来てもらった。どんな資料が生徒によく使われているのかを実際に見てもらいながら、サポートに入ってもらうためだ。これは市立図書館側にも大いに役立つ取組で、「選書した資料がどう使われるか、自分たちの選書が果たして中学生に合っていたのか」など、学ぶところが多くあったと聞いた。

市立図書館との協力校提携の極めつけは、市立図書館長の提案により、市議会の文教厚生委員*7名に学校司書との協働授業を見てもらうという取組であった。3年生の『奥の細道』の導入授業で、学校司書のミニ解説のあとに、国語科教員である私にバトンが渡され、冒頭文をノートに写し、暗唱をするという内容だった。中学校の授業を初めて見たという議員から、授業後の研究会では口々に、「学校司書は1校に1人必要な存在だ！」という声が上がり、本市にもそれが分かる議員が出たことを喜び合った。今後、こういう議員がもっと増えることを私は、市立図書館長、司書、学校司書と共に願った。

2014年6月20日学校司書の法制化のその日には、残念ながら勤務校には

＊文教厚生委員＝議会の中で、学校や保健、福祉に関する分野を担う議員。

学校司書はいなかった。またもや司書教諭の私1人の学校図書館の運営に逆戻りしていて、本市の学校司書は増えるどころか18名から14名に減っていた。

翌年、すべての学校に学校司書を配置すべく政策を転換した本市は、14名の学校司書を1人5～7校兼務させ数字上の全校配置を達成した。


「ちょっと待て！　学校司書ひとりで5～7校掛け持ちってできるのか？　5校兼務なら毎日違う学校に通うことになるな。7校になると週5日制の今の日本の公立小中学校において、どんな勤務になるのか？」

「7校の場合は、月に2回訪問するだけという学校があったはず。しかし、どこの都道府県かは忘れたけれど、1人10校兼務もあったりしたわ。とりあえずは、学校図書館を整理してくれたらいいという感じかしら。授業に関わるなんてとんでもないし、10校分の学校図書館のそれぞれの学校に合った選書をするなんて、無理だと思うし」

「学校司書は1校専任が必要だとわしは思うのだが」

「私もそう思う。授業に関わるにはそうでないと、教員との細かい打ち合わせもできないし、児童生徒の顔や名前も覚えられないし。ましてや、教員とのコミュニケーションが取れないままでは、良い授業はできないと思うわ」

ここでも朝読書は全校で年間を通して、特例を作らず毎日行った。遠足の日であろうと、試験の日であろうと。その結果、ヤンキー*と呼ばれる生徒たちも読書には興味を示した。ただ学校図書館から手続きをせずに持ち出すのには困ったが、休み時間やちょっとした隙間時間に「えっ？　あの子が？」という生徒でも読書をしていた。青少年の読書離れはどこの話ですか？　と言いたくなるような状況を目の当たりにして、読む習慣と読みたい本があれば自ずと読書をするものだというのが実証された感がある。

朝読書の一番の功績は、「学校内で本を読む姿が市民権を得た」ことに尽きると思う。昔は休み時間に教室で1人で本を読んでいたら「ネクラ（根が暗い）」とからかわれバカにされたものだった。でもみんなが本の面白さを知ると、とにかく先に読み進みたい気持ちが理解できるから、誰もからかわなくなったのだった。

＊ヤンキー＝周囲を威嚇《いかく》するようなことをし、仲間から一目おかれた少年少女を指す俗語。

また、年度初めの保健行事（歯科検診や内科検診など）のときに朝読書で読んでいる本を1冊持たせるようにした。保健室前廊下で、じっと待つことが多いからだ。そうしたらみんなし〜んとして読書に集中して、学校医にも評判がよかった。ときに廊下での生徒たちのしゃべり声で、聴診器で心臓の音が聞けないと学校医から注意を受けたことがあったのがうそのようだった。

同じく校外での市の体育大会見学にも本を必ず持参させると、静かに待つことができるようになった。応援の入れ替え時間を待つ間、走り回ったり、ちょっかいの出し合いからケンカになったりというのがなくなった。大勢の生徒が静かに本を取り出して読んでいると、すごく知的に見えるようで、「どちらの学校ですか？　素晴らしい」と市民から声をかけられたこともあった。こういう隙間時間に読書する習慣をつけるのは、生徒たちの今後の人生の中でも役に立つのではないかと、密かに思った。

2014年8月にはIFLA（国際図書館連盟）*のフランスリヨン大会に参加した。フランスの学校図書館や公共図書館を見学し、さまざまな国の図書館人との交流を深めたことも、外から日本の教育を見つめる良い機会となった。

*IFLA国際図書館連盟＝1927年スコットランドのエディンバラで設立された図書館の国際組織。本部はオランダのハーグにあり、現在160か国、1600団体が加盟している。

フランスには司書教諭や学校司書の代わりに「ドキュマンタリスト教員*」がいて学校図書館を担っていた。いろいろな話をする中で、共通したのは、「昼食を取る時間ももどかしく、昼休みの図書館の仕事を始めるのよ」という点だった。生徒たちが昼休みの開館を待っていて、少しでも早く対応せねばというのはいずこも同じだと笑いあった。でも、お昼はゆっくり食べたいわねと。

「ふむふむ、現場でのひとつの流れがわかったぞ。やはり、目の前の自分の学校が一番大事じゃが、その周りの市町村の学校、県内の学校、ニッポンの学校、アジアの学校、世界の学校という視野を広げながら物事を見て行く人も必要なのだな。わしも、簡単に世界を移動できるので、もっと広い範囲を見て、ニッポンの学校図書館を向上させたいものだ」

「いろんな事情がわかった上で、私に何ができるのか。県や市から雇われている身分で、お上に物申すなと言われた経験から、じゃあ肩書のない一地球人として物申そうじゃないのと思ったのよね。それで早期退職をして、自分の専門分野である学校図書館や学校教育について、もっとみんなで考えませんかと

*ドキュマンタリスト教員＝フランスの学校図書館専門職員を指す。情報活用能力を育成するために専任で勤務している。

問いかけることを考え始めたの」

「なるほどなぁ。学校図書館の35年間の様子がわかってきたぞ」

「学校教育の流れとしても、文科省は今後「主体的・対話的で深い学び*」などという1冊の教科書だけでは間に合わない学びを進めようとしている。そこには学校図書館の助けがなければ成り立たないと思えるのよね。だけど思い切った改革ができず、なんとなく頑張る自治体任せで、格差が広がっていることを、もっと発信しなければ！ 学校図書館の現状は、知ってしまうとそれはおかしいと思ってくれる人が多いはず」

「そうなのだ、わしのような蛾でも、何とかしたいと思うのであるから、人間ならもっと思うはずだ」

*主体的・対話的で深い学び
＝教員による一方向的な講義形式の教育とは異なり、学修者の能動的な学修への参加を取り入れた教授・学習法の総称。発見学習、問題解決学習、体験学習、調査学習等が含まれるが、教室内でのグループ・ディスカッション、ディベート、グループ・ワーク等も有効なアクティブ・ラーニングの方法。

3　忘れられない学校図書館5つの物語

「司書教諭の職から離れるにあたって、私にとって忘れられない学校図書館での5つの話をしておきたいんだけど」

「いいぞ、それも聞いておこう。話してみたまえ」

（1）お昼ご飯は食べません

昼休みに図書館を開館するために、私は4時間目か5時間目が空いていたらその時間に昼食を取ることにしていた。当時は中学校にも給食がなく、高校同様に弁当持参だった。それは、高校のベテラン司書教諭から教えてもらった技だった。どちらの授業も空けられない日は、パン1個を食べて歯磨きまでを5分で済ませた。そうやって昼食の始まりの時間には図書館にいて、書架の整理や開館の準備をしていた。

異動して間もない学校で、まだ校内の様子がよくわからなかった4月のある日、昼食時間に図書館に女子生徒がやって来た。「お昼ご飯は？」と聞くと、「食欲がなくて」と答えるので、たまにそういうこともあるかと静かに見守っていた。椅子に座って文庫本を読み始めた女子生徒を気にしてはいたものの、やがて昼食時間が終わりどやどやと生徒たちがやって来て、女子生徒のことはすっかり忘れていた。翌日も、その翌日も彼女は同じ時間に図書館へやって来て、私たちは同じ会話を繰り返した。さすがに4日目になって、「担任の先生は、あなたが昼食の時間にここにいることを知ってる？」と聞くと、「さぁ？ 気づいてないかも」と答えたので、昼休みが終わって担任に聞くと、案の定気づいていなかった。特に男性担任に多い傾向で、昼食時にいない生徒に気づかないことは以前からあった。

クラスの生徒40人が銘々仲の良いもの同士で机を付けて昼食を取ると、頭数を数えないと確かにわからなかったりするものだった。「明日は気を付けてみます」という担任に、様子を見ておくようお願いした。

そして5日目。やはり同じ時間にやって来た彼女は、突然「先生、児童養護施設ってどんな人なら入れますか?」と聞くので、「親が子を養育できないと判断されたら両親がいても入れるよ」というと、「やった!」と今まで見せなかった満面の笑顔になった。そして彼女との会話が始まった。

「再婚して3年になる母親がもうすぐ出産で、赤ちゃんが生まれたら、その世話で自分は学校に来れなくなるんです。弟が生まれたときもそうだったから」「学校に来られないの? どのくらい?」「1か月か2か月か。でも受験だし、自分の人生は自分で切り開きたいから、家を出たい」「それ担任の先生知ってる?」「今、初めて先生に話した」「担任の先生に伝えて、養護の先生からスクールカウンセラーにつなぐから。その話していい?」「はい、お願いします」。

それからの動きは早く、関係機関と連携を取って、本人の希望で県内で一番家から離れた児童養護施設へ行くことになった。

担当学年が違う生徒だったので、担任につないでからは生徒指導報告で情報を共有しただけで、彼女に「さよなら」は言えなかった。でも、あのとき彼女は毎日図書館にやって来ては、いつ話を切り出そうかと考えていたのだろうと思うと、昼食時間に図書館にいてよかったと思ったのだった。異動間もない学校での慌ただしい日々の中でも、学校図書館の仕事を優先したことで一人の女子生徒を救えたのかもしれない。

「わかる。スクールカウンセラーに相談に行くのはハードルが高いが、ふらっと入れる図書館でカウンターに話しやすそうな人がいたら、そして周りに誰もいなかったら、思い切って話してみようとなる気持ち。それは、その生徒にとってラッキーなことだったなぁ」

「でしょう。私も、グッジョブ自分！って思ったわ」

(2) 思春期真っ盛りだから

性に関する本や病気に関する本は、できるだけ人目につかない場所に置くようにしていた。そこに、まるで春画のような絵を女子生徒に見せては嫌がらせをしていたという1年生の男の子が毎日やって来ては、こそこそ本を見ていた。また、絵のネタでも探しているのかと思いながらそばを通り、ちらちらと彼の様子を伺った。さっと本を隠すので「ここには読んではいけない本は置いてないから、隠さなくていいよ」と声をかけた。いつもは、何人かでワイワイ言いながら見ていたのに、なぜかひとりでこっそり来るようになっていた彼に、もっとほかの声かけが出来なかったものかと、その後私はひどく落ち込むことになった。

その彼も担当学年の生徒ではなかったので、学校を休みがちになったことは知らなかった。その後、学期末の職員会議の長期欠席者の報告で、その彼が入院していることを知った。

それも難しい病気だということで、担任からの詳しい病状説明があった。ここでは詳しく触れることはできないが、24時間365日点滴が必要な重大な病気だった。私はその時はっとした。彼はひょっとしてその自分の症状を、学校図書館で調べていたのではないかと。『家庭の医学*』をはじめとする、病気に関する本もかなり選んで置いていた。どうして、私は彼に対して「何か気になることがあるの？」と聞いてあげられなかったのだろうか。うまく声かけができていれば、もっと早く病院にかかることができたのではないかと。そうした

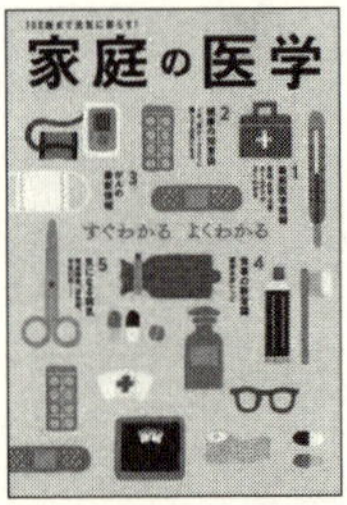

＊家庭の医学（主婦の友社（編集 主婦の友社）

ら、病院をたらいまわしという事態が防げたのではないか。

そのあと私はすぐに異動となったので、彼のその後は知らない。

「そうか。うまい声かけができていたら、症状がそこまで深刻にならずに済んだのかもしれないな。それは、痛恨の極みだな」

「そうなの。学校図書館にはいろんなことを背負ってやってくる生徒がいるから、先入観で物を見てはいけないと、それからの自分に言い聞かせたわ」

（3）図書館に住みたい

この例も、担当学年ではない生徒だった。

異動したばかりの学校での図書委員会運営は、ひとりひとりがどんな生徒かがよくわからないので、なかなか難しいものがある。「この学校ではこうやっていいます」とてきぱき動いてくれる図書委員長もいれば、何とも頼りないやる気の見えない図書委員長もいて、後者の場合はその扱いに苦労するのが常だった。

その女子生徒は、てきぱきと仕事をこなす、私にとっては本当に助かる生徒だった。昼休みの当番をさぼることなく（委員長、副委員長は毎日図書館に来てもらうようにしていた）、できる限り早くお弁当を食べて、カウンター当番をするために来てくれていた。

ある日、彼女の担任に、いつも彼女が頑張ってくれて頼りになるという話をしたら、「だけど成績は良くなくて上に立つ仕事は無理だと思う、二番手くらいならいいかしら」といわれ、私の勘は当たらなかったのかとちょっとがっかりした。次期委員長を考えていたからだった。いつも私と並んでカウンターに座り、「ここの図書館に住みたいんですよ」と話す彼女に、当時自分の学年の生徒指導で大変だった私はかなり癒された。息つく暇のない苦労の日々を過ごしながら、いつも昼休みの図書館のカウンターの隣には彼女が座っていた。

「先生、この図書館にほんと住みたいです。住めたらいいなぁ。ここにいたら、なんか、うちに帰りたくなくなる」。入試が終わってからの日々は、放課後も毎日図書館に来て仕事を手伝ってくれた彼女。学校図書館をこよなく愛し、居場所としていた生徒だった。そうして卒業して行った彼女は、高校に入学して1週間で自分の意志でこの世を去った。詳しいことはわからなかったが、彼女は家に居場所がなくずっと辛い人生を送っていたらしい。

担当学年ならもう少しは情報が入っていて、もっと彼女に対する私の接し方も変わっていたかもしれない。特に、大規模校は自分の学年の生徒の把握すら難しく、他学年となると、本当に毎日学校図書館のカウンターで顔を合わせていても知らないことだらけだった。短い彼女の人生の、ほんのひと時の安らぎの場が、学校図書館であったことがせめてもの救いだった、と自分に言い訳しながら、彼女の訃報を受け止めたのだった。

「せつないなぁ。それでも、そこにあんたさんという人がいただけで彼女はちょっとだけ幸せを感じたと思うぞ。そう考えると、学校図書館には毎日いる『人』、児童生徒の顔が分かる『人』が必要だとわしは心から思うのだ」

「そう。私も、用もなくふらっと入っても叱られない場所って、学校内では図書館しかないと思うから。心に悲しみを抱えた子どもたちにも向き合いたいと思うの」

「そんなに多くの役割を持つのに、学校図書館は軽く見られすぎだと思うぞ」

「そうなのよね。ほんと、小さな事例でも発信して行くことが大事かと思って、頑張るから、私」

(4) リクエスト本

生徒からのリクエスト本を購入するかどうか、内容を調べなければならない場合がある。そんなとき、「充て職」司書教諭は、テスト問題作成中だったり採点中だったりすると気持ちと時間の余裕がなく、どんどん後回しになることがある。せっかく本屋さんが来てくれても、授業が詰まっていると会えないことも多く、「○○という本、よその学校も入れてる?」と情報収集する機会を失ってしまう。そんなときでも生徒は毎日図書館にやって来て、「ぼくのリクエスト本どうなりました?」「私のリクエスト通りましたか?」とカウンターで話しかけてくる。「ごめんね、調べる時間がなくて」。がっかりした生徒の顔を見ると、こっちもがっかりする。ああ、図書館の仕事をする時間が欲しいなぁ。

しかし、無事に購入が決まり、本屋から本が届き、登録を終え、図書館ボランティアさんのブッカーかけが終わり、いよいよ「リクエスト本入りました！」のお知らせをすると、喜々として昼休みの図書館に駆け込んでくる生徒たち。そして嬉しそうに手渡されたリクエスト本を押し抱き、「先生、ありがとうございました」「私のために買ってくれて、嬉しい！　ありがとう」と、本当に嬉しそうに最高の笑みを浮かべて、何度もお礼を言いながら図書館を後にする。こんなにお礼を言われることってないよね、というくらいに、リクエスト本を手にした生徒たちは、お礼を言ってくれるのだった。

「いやぁ、ぼくの学校の図書館は県で1番の図書館ですよ」「あら、よその学校の図書館を見たことがあるのね」「いやぁ、ないですけどね。わかるんです、ここが1番だって」そんなやりとりが、何度もあったことが思い出される。そんなとき、ああ、素敵な仕事だなぁと、普段の大変さが吹き飛んでいくのだった。

「そうなのだ。生徒たちも、学校図書館がリクエストや予約のサービスをしてくれると、嬉しくて、ますます本に親しむのだ。「充て職」司書教諭でなければ、もっと子どもたちにサービスできるのにな。学校司書が専任でいると、格段にサービスは向上すると思うぞ」

「リクエストも予約も公共図書館でやっていることだけど、学校図書館で経験しなければ、そんなシステムがあることも知らないままかもしれないわ」

「大人になって公共図書館を普通に利用するようになるためには、学校図書館での体験は大事なのだ」

（5）もっと早く知っていたら

教員でない会社員の友人の中には退職前は有給休暇の消化で1か月前くらいから職場に行かなかったケースもあるが、私は教員生活最後の日、3月31日も出勤していた。

職員室の荷物を片付けていたら、春休み中の卒業生が、廊下からちらちらと職員室を覗いているのが見えた。担任だった教員が気づいて応対し、しばらく話した後、職員室にいた教員に向かって「週末にヴァイオリンの発表会があるので、ちょっと聴いてもらいたいと生徒が来ているんですが。今から30分ほど3年3組の教室に、お手すきの先生は来てくださいませんか」と言った。片付けに飽きていた私は、喜んで参加することにした。観客は7、8名ほど。

まずは、発表会の曲の演奏。なかなか上手だ。こういうコンサートを図書館でやりたかったなぁ。「次はリクエストコーナーです。なんでもどうぞ」と生徒。「じゃぁ、G線上のアリア*！」と真っ先に私がリクエストをすると、いい感じに弾いてくれる。「何でもいいなら、川の流れのように*」といきなりの歌謡曲は担任からのリクエスト。何とも器用に弾きこなす。私はさらに「じゃあ、ハードル上げてチャルダッシュ*！」とリクエストした。それが本当にうまいのだ。

演奏を聴きながら、ああ、どうしてこんな生徒がいることを知らなかったのかなと後悔。他学年でも生徒指導に引っかかる生徒は、情報を共有するのでよく知っていた。しかし、こんなプラスの情報も共有できていたら。図書館コンサート、開きたかったな。大規模校のいつもばたばたと過ぎて行くだけの日々を大いに反省した。でも、教員生活35年の最後の日に、こんな素敵な時間が持

＊G線上のアリア＝バッハ作曲　ヴァイオリン曲として有名。

＊川の流れのように＝1989年に発表された日本の歌手、美空ひばりの生前最後に発表されたシングル作品。

＊チャルダッシュ＝ハンガリー音楽。モンティ作曲。後半の速いテンポは、上級者の腕が必要。

てて良かった。「聴いてくださってありがとうございました。本番も緊張せずに頑張れそうです」と彼女は言った。惜しみない拍手を送りながら、「あなたのことを、もっと早くに知っていたら、図書館コンサートをやったのにね」と私。「ああ、やりたかったです！」

「そうか、それは残念だったなぁ。図書館でコンサートをしたいけど、持ち込める楽器で演奏する人いませんか？　とか、ポスターを貼ったりして募集してみたらよかったのに」

「そうなのよ！　蛾のおっさん、私も後から同じことを考えたわ。でもね、ほんと心に余裕がなかったのよね。朝の7時に家を出て、夜の9時過ぎに帰り着く生活では」

「ブラックな生活は、何事に対しても心に考える幅がなくなるのだな」

「その通りだわ。ほんと、心に余裕を持って働くことができていたなら、もっともっと生徒たちに図書館でいろいろな体験をさせることができたのに。それが本当に残念でならない。学校図書館の仕事って、もはや、充て職でできるものではないのよ」

「わしもつくづくそう思うぞ」

長い長い蛾のおっさんと私の会話は、一旦ここで終わった。私は、蛾のおっさんとの語らいの中で、自分の思いを整理することができた。よし、市や県に雇われている身分でない人になって、みんなに問いかけよう。「学校図書館」という枠の外の人になって、蛾のおっさんのように自由に飛び回りながら、この問題に取り組もう。蛾のおばちゃんになった気で、世の中に出て行こう。これは仕事からのリタイア*ではなく、次へのトランジッション*なのだ。

＊リタイア＝退職。
＊トランジッション＝新しい変化をもたらす転機。

第 5 章
愉しきかなトランジッション

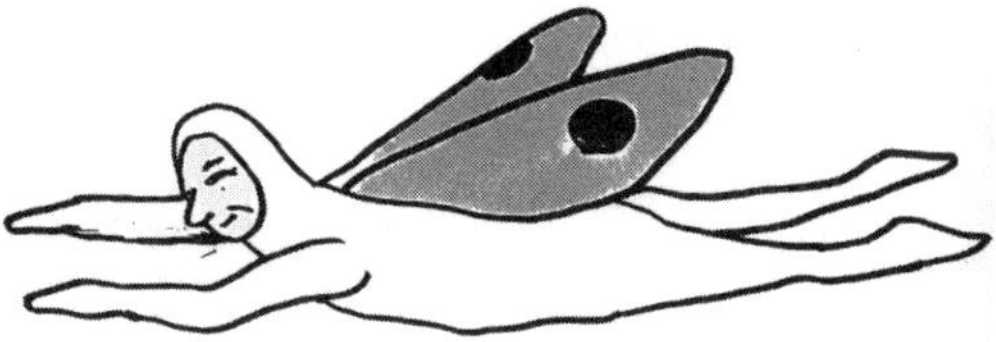

1　まずやってみたこと

早期退職をしてから、学校図書館のカウンターでしか会えないと思っていた蛾のおっさんは、ときどき我が家に現われるようになった。しかし、根っからのカウンター好きのようで、キッチンのカウンターにやって来るのが玉に瑕《きず》ではあった。


「トランジッションはどうだ、様子を見に来たぞ」

「あら、お久しぶり。晴れてバックに何もない私自身となり『独立系司書教諭』と勝手に名乗って活動を始めたのよ。友人に『Independent　Librarian』と名乗る医療系司書がいて、個人的に医師や病院に頼まれてレファレンスを行うことを仕事にしていたところからヒントをもらったの」

「ほう、英語で言うとかっこいいな」

「私の場合は、そこに料金の発生する仕事ではなく、完全にボランティアなんだけど。運営に悩む学校図書館を見てアドバイスをし、市立図書館に行って学校との連携を探り、県内、国内の様子を見て回ったわ。そうして得た知識やアイデアを、学校図書館の館長である校長、公共の図書館長、そして市長に『こんなのよそでやってますよ』と情報提供することで、より良い学校図書館作りの応援にならないかと思って」

「なるほどなぁ。意外にみんなよその学校図書館なんて知らぬゆえ、自分が学んだ当時の学校図書館がスタンダードだと思っておるからな」

「そうなの。それで、たとえば○○県では、県立高校全てに正規の学校司書がいますよとか、1日中学校図書館が開いていて、授業に学校司書が入って調べ学習をすると、児童生徒が素晴らしい結果を出しますよとか話すわけ。するとそれはいい、とみなさん話は素直に聞いてくれて」

「そんな大事な仕事をする学校司書が低賃金で、何校も兼務しているのに交通費も出ないと話すと、それは、出すべきだろう！と、翌年度あっさりと交通費の予算が付いたり」

「そこには後日談があって、交通費をプラスすると130万の壁を超えてしまいサラリーマンの妻の控除が受けられなくなると、泣く泣く返上する羽目に陥った学校司書もいて。私たちは法に縛られて生きてるんだなぁと思った」

「なんか人間は面倒な生き物なのだな。わしは自由な蛾のおっさんでよかった」

「でも、学校司書の増員や研修制度の確立を行うには金額も大きくて、議会での予算要求が必要になるのよ」

「世の中はすべてお金で動いておるのだな、人間の世界は。わしにはわからん」

「そうなの。そうすると、議員さんに相談して議会に請願するという形が見えて来たのよ。それで、仲良しの学校司書を伴って、議員さんに現場の様子を話しに行ったわ。もちろん専門分野が文教厚生の議員さんにね」

「私が学校図書館のことを嘆いていたら、本市の文化人が友人の議員を紹介するから話してみたらって。それが、偶然にも大規模校で学校図書館移転に尽力してくれた議員さんだったの」

「つながるもんだな、思いが強いことは口に出して言ってみるべきなんだな」

「請願書を出すためには、私一人の考えではなく関係者の意見を聞きたくて、市立図書館長、義務制の公立学校図書館部会の校長、そして仲良し学校司書と私で何度か作戦会議を開いた。一緒に飲みニュケーションを取ったり

「よくわからんが、人間は酒を飲むのが好きだなぁ」

「議員さんが骨を折ってくださって、推薦者議員も多数ついて。で、最終的には、所属先のない独立系の私が、議会事務局に1人で請願を出しに行った。『ひ、ひとりですか?』って。ちょっとびっくりされたけど」

「文教厚生委員会への説明ももちろん1人で行ったわ。請願書と資料を入れたファイルを準備していたのに、家を出る直前にバタバタして、間違って違うファイルをつかんで行ったの。委員会前に気づいて、『請願書忘れて来たんですけど、そちらにあるのをコピーして戴けますか(汗)』と言ったら、きょとんとされたけど、コピーしてくださった」

「なははは、ドジじゃのう」

「他の請願はみなさん団体で来られていて、やっぱり1人で来るのは珍しいということがわかった。委員会では、質問事項に答えるときは挙手をと言われたのに、挙げ忘れてペラペラしゃべって何度も「挙手を」と言われてしまった。

でも、思いは十分伝えられたわ」

「そして議会では、全会一致の採択だったのだな」

「そう！『学校司書配置の充実と研修制度の確立に関する請願』*だった」

「請願が通ったら、後はどうなるのだ？」

「あとは、担当の教育委員会がそれに応えて動くことになるんだって。そして、こうしましたと議会で報告するらしいんだけど、請願が通ったからと言って、強制力はないらしい」

「頑張った割には、報われんのか？」

「教育委員会の頑張りを応援しようと、その後、教育次長と学校司書担当に会いに行って、本市の学校司書の現状をじっくり話してきた。県内他市や他の府県の話も交えてね。熱心に時間をかけて聞いてくれたので、今後の展開に期待したい」

「請願が通った後も、それがどう良い影響を及ぼしているかを、常々チェックする必要があるのだな」

「そう、じっくりと腰を据えて取り組まねば」

*学校司書配置の充実と研修制度の確立に関する請願＝筆者が出した平成29年佐世保市議会9月定例会請願第52号は、全会一致で可決された。

「長期戦が見込まれるな」

「学校司書の声に耳を傾けながら、動いて行きますよ。今年度（2018年）度は予算が取れずに、学校司書は20名のままだけど、とりあえずは、1人2校兼務まで（大規模校は専任）にするのが目標なの。でもね、実は今年度の20名も4月半ばの時点で欠員ありだった」

「なり手がないのは、待遇が一番の問題だな。それと1人3～4校兼務がネックだと思うのだが」

「そこを、どうにかしたい。研修制度に関しては、今年度は4月初めに1年目と2年目の学校司書に対して、しっかり研修が行われたから。教育委員会も頑張って動いてくれていて、嬉しいな」

「それは、良いことだ。少しずつでも前進だ」

2　今やらねばならないこと

「蛾のおっさん、とにかく、今の思いを聞いてくれる？」

(1) 学校司書を3S(専任・専門・正規)に!

学校司書は、公立小学校で59・2%、中学校で58・2%、高校で66・6%配置されている。(2016年度学校図書館の現状に関する調査)しかし、学校図書館に年に1回訪問でも専任で毎日いても、同じ「配置」としてカウントされているので、実態はもっと厳しいものとなる。

それは私の市を例にとってもわかるように、数のマジックなのだ。調査の方法の変更が望まれる。

学校司書に関しては、その待遇がまず問題である。自立とはほど遠い年収や、複数校兼務でも交通手当なしというのもある。さらに、長期の休みは勤務がない場合が多く、1年ごとに更新という不安定さも、継続した仕事ができない大きな原因だ。また1校専任でも、1日3時間勤務という場合もある。自治体の考えによって、その採用と待遇は本当にまちまちで、待遇に関しては、ときおり月収20万円越えの募集があると、「高額！」と目を見張るような、そんなレベルがほとんどを占めていて悲しくなる。月20万といっても年間240万。長期の休みに勤務なしも多く、そうなると年収は200万ちょっとである。もちろん男性もこの職場にはいるが、副業なしでは結婚も視野に入れられない。「男性学校司書は、寿退職が多いんです」と聞いている。

おまけに研修制度も確立されておらず、いきなり配属先に行かされ、何をしていいのかわからない。教員はバタバタと忙しそうで声をかけることもできず、さりとて管理職も何をしてもらうかがよくわかっていないので、図書館で1人泣いていたという話も耳にする。

Twitterでの蛾のおっさんの調査によると、ハローワークに出された学校司書の業務を行う仕事の職名は次のようにバラバラであった。

学校司書スタッフ、学校図書館司書、学校図書館事務補助員、読書活動推進員、学校事務兼司書、小・中学校司書補事務、司書教諭補助員、学校図書館事務、学校図書館嘱託員、図書整理員、学校図書館指導員、学校図書運営支援員（有償ボランティア扱い）、スクールサポーターなどなど。中には、給食会計や事務補助の仕事と兼務というものもある。

また、募集の要件として、司書、司書補、司書教諭資格を問うところが多いが、3割を超す自治体では資格条件なしもある。しかし、今後、学校司書が大きく授業に関わり、子どもたちの学びを深めるためには資格が必要になって来る。こうした現在の混乱の中から、学校司書としての資格に関するモデルカリキュラム（10科目20単位）が作成された。2018年度から、学校司書養成課程を開講した大学もあるが、これが正式な学校司書資格になるかどうかは、これからの文科省の動きと関連ある分野の人々の働きかけにかかっている。

学校司書においては、自治体ばらばらではなく、文科省が国として学校図書館に定数1の枠を確保することが最善の策である。しかし、今までを見ていて何十年もかかってやっと1つのことが進む学校図書館界の状況からすると、自治体独自の方法で進めて行く方が得策なのだろう。その場合、どう動いて行けば前に進むのだろうか。

1つは前述した議会への「請願書」の提出である。全国SLAは、図書館整備計画のための費用として市町村に降りている地方交付税が、別の目的に使われるのを防ぐ請願の必要性を説いている。しかし、これも簡単にできるものではなく、議員とのコンタクトをとりながら進めていくにはかなりの努力を要する。

ＰＴＡや図書館ボランティアとして組織で動くことも可能であるが、とにかく市民の声を届けることが重要だろう。

（2）司書教諭に仕事の時間を！

司書教諭は、私の経験上次の3パターンに分かれている。

（a）仕事丸投げ型
（b）口だけ出す仕事妨害型
（c）協働して数倍の効果を出す型

だ。

日本国中が（c）型だったら、学校司書はもちろんのこと、児童生徒はどんなに幸せなことだろう。

あまりに忙しすぎる学校現場では、1日の中で学校司書と司書教諭が顔を合わせることができないという現実が生まれている。司書教諭がちょっとした配慮で交換ノートを作ったり、昼休みは図書館に行くという努力がなされるといいのだが、図書館愛がない場合は、なかなか難しいようだ。

とくに（a）パターンの司書教諭は、ほぼ自分にはかかわりのない仕事だと認識しているため、スキルを積んだ学校司書はいいが、新人学校司書にはつらいものがある。何も教えてもらえず、何の相談もできない。（b）パターンは論外で、上から目線で先輩風を吹かせ、学校司書が選書リストを作成し、お伺いを立てると、意味もなく「この本は買えない」とリストから外す、「図書館だより」に難癖をつけるという、およそマイナスの反応しかなく、これならまだ（a）の方がましである。（c）パターンの司書教諭は、知識が豊富でよく勉強をしており、学校司書の存在意義を分かっていて（それだけ今まで苦労して司書教諭を続けて来た）という場合が多く、さまざまな協働授業を仕掛けようと努力する。ただしこのような司書教諭は、今の学校現場では、絶滅危惧種に近い。

司書教諭に関しては、仕事時間の確保と更なる意識の向上が喫緊の課題となっているが、授業時数の軽減に関しては、残念ながら何の動きも見られない。司書教諭の資格を取るために大学で学ぶ学生たちに、私自身が話すことの第一は、学校司書が仕事をしやすい環境を作ることである。（ｃ）パターンの司書教諭へと成長するためのノウハウを懸命に伝えているところである。

一部の私立学校の専任司書教諭以外は、学校司書未配置校であれば、学級担任を持って司書教諭の仕事をするのは無理だとはっきり断言できる。文科省はもちろん、教育委員会及び管理職は、学校図書館を担当することは学級を持つことと同義であることを認識して欲しい。

生活の面では、司書教諭は教員であり、十分に家族を持って食べて行くだけの収入は得ることができる。ただ、あまりにも学校内の仕事が多く、アクティブラーニング*や新学習指導要領*の「主体的で対話的な深い学び」のために必要な学校図書館の役割を果たそうと思うなら、今のままの「充て職」では無理だ。司書教諭に関しては、本気で文科省の言うような学びに対応する学校図書館を築くなら、授業時間数の軽減と担任業務を外すことが必要となる。そのために

＊アクティブラーニング＝児童生徒が従来の授業のように受動的で、じっと座ってひたすら教師の話を聞きノートを取るのではなく、能動的にグループワークをしたり、ディスカッションをしたり、課題解決に取り組むなどの学習方法のこと。

＊新学習指導要領＝文部科学省によって10年に1回改訂される教育課程の基準。２０１７年に改訂され小学校は２０２０年度、中学校は２０２１年度完全実施となる。高等学校は２０２２年度年次進行で実施される。

は、教員の定数増が必要となる。

「待て！　わしはわからんのだ。司書教諭は、司書教諭としての仕事をしなくても、名前だけの司書教諭でよいものなのか？」

「他の教員自体が、司書教諭の仕事の何たるかを知らないので、働く司書教諭と同じ学校にいたことがあれば、そうでない司書教諭を見ると、ここの学校の図書館はさびれているなとか、学習の支援が全くなされないとか思うけれど。活動する学校図書館を見たことがない教員だと、気づかないまま。とにかく「充て職」なので本来の教員の仕事をしていれば、司書教諭の仕事をしないからと言って罰則があるわけでもないし」

「日本全国の11学級以下の学校の司書教諭はどうなっておるのじゃ？」

「前に話した鳥取県のように、すべての学校に司書教諭を置く努力をする場合もあるけれど、11学級以下の学校には発令の義務がないの。司書教諭としての発令はされなくても、司書教諭資格を持つ教員が学校図書館を担当してしっかり運営をしている場合もあれば、資格を持っていなくても図書主任として、仕事をしている場合もあるわ」

「資格がなくてもやれる仕事なのか？」

「資格がなくても見よう見まねでやっている教員もいるわ。夏休みにいくつかの大学では司書教諭養成の集中講座が開かれていて、そこで資格を取る現役教員もいるのよ」

「ますます訳がわからなくなる」

「どんなに小さな学校にも、学校図書館は設置されなければならないはずで、そうすると専門的知識を持った学校司書や、司書教諭資格持ちの教員は必要なはずなのに、それがあいまいなままなのよ」

「そこが学校図書館の格差のおおもとじゃな。同じニッポンの公立学校でありながら、自治体の差によって、図書館に専門の職員がいたりいなかったりはおかしい。司書教諭は先生業務との掛け持ち仕事なので、図書館にずっといて仕事をすることは無理だ。学校司書は、図書館にずっといて仕事をすることはできるが、別の学校と掛け持ちだったり、勤務時間が短かったり。そして待遇が良くないから、1人で生活することができないという問題も抱えておる」

「今、学校司書を置くことが努力義務となり、どこの自治体も置く方向には動いている。私の市を例に取っても、16年前にはゼロだった学校司書が20名にはなっているのよね。ここからは前進あるのみで、さまざまな問題点をひとつひとつクリアしながら、先に進んでいくべきだと思うわ」

(3) 学校司書や司書教諭をまとめて研修するのはどこだ？

「わしのもう1つの疑問として、学校司書や司書教諭の研修はどうなっておるのじゃ？　ということがあるのだ」

「さすが蛾のおっさん、学校図書館に関するいろいろなことが見えて来たのね。ちょっと詳しく話すから、聞いてね」

「学校図書館支援センター」*「学校図書館連携センター」などと言った呼び名で、県や市の教育委員会の中に、学校図書館の専門家を擁しその研修内容を検討して研修会を開いたり、直接学校図書館を回ってさまざまな手助けをすると

＊学校図書館支援センター＝地域内の学校図書館の運営や活用、学校図書館間の連携などに対する支援を目的として教育委員会事務局や公共図書館内に設けられたセンター。文科省は2006年に「学校図書館支援センター関連事業」を開始し、初年度に36地域をモデル地区に指定した。

いう体制が整っているところが、これまた自治体によってはある。または、市立図書館や県立図書館が学校図書館と密接につながって、学校司書や司書教諭の研修を行い、きちんとした物流システムがあって授業のために学校にたくさんの資料の提供をするところもある。

しかし、これらの体制が整っていないところでは、教育委員会の中の全く学校図書館の専門ではない指導主事が、いくつもの仕事を兼務しながら学校司書や司書教諭の研修を行う。司書教諭に関しては、都道府県や政令指定都市主催の研修会が、年に複数回開かれるが、学校司書に関しては、全く研修会なしという自治体も残念ながらある。

「待て！ 学校司書に研修会がないとはどういうことなのか？」

「おそらく学校司書には、図書館内を整備して、昼休みに本の貸出をしてくれたらいいくらいにしか思っていない自治体があるからなの」

「それでは『学習センター』としての機能や『情報センター』としての機能は持てないではないか」

「そうなのよ。まずは基礎となる『読書センター』の機能を高めるにしても研修は必要で、学校司書は特に同じ仕事をしている人が学校内にいないという『ひとり職場』なので、情報交換の必要性もあるというのに」

「さて、どうしたものかのう」

「そこで、研修の充実が必要だということを、これまた教育委員会に知ってもらう必要があるの」

「それで、あんたさんは『請願書』とやらを市議会に出したのだったな」

「そうそう、学校司書の研修の重要性に気づいた人が、声をあげるべきなのよね。それで私は、実行したのよ」

「私の友人の学校司書たちは、とにかく実績を積み上げて、なくてはならない存在になろうと、日々の仕事に力を入れているわ。とくに授業を支える資料を揃え、授業に関わって行くことを目標としてね」

「それは良い考えだと思うな。学校司書がいないと、授業に幅が出ないとか、資料が集められないとか先生たちが思うようになればしめたものだな」

「そうなると、児童生徒が学んでいる教科書を見る必要があるのだけれど、それが手に入らないという悩みもあったりしてね。中には、小学校6学年分の国語の教科書を自分で購入している学校司書もいるのよ」

「なんと！　学校司書が自由に見ることのできる教科書は学校に置いていないのか？」

「教科書はきっちり必要数を数えて、1冊の予備も学校に残すことはできないの。それを公共図書館が『教科書コーナー』を作って持っている場合はあるのだけれど。それもどこの図書館でもやっているわけではないわ」

「そういう学校司書の仕事ができる環境の整備も急がねばならないな」

「とにかく学校図書館が本を読む場所『読書センター』であるのは当たり前で、その先の『学習センター』『情報センター』としての機能が今求められていることをしっかり認識すべきだと思うの。そして、教員のための『教材センター』もね」

「そうじゃな。週1日の勤務では、学校図書館の整備で終わってしまい授業に関わることはできない。1校専任でも1日3時間勤務では、昼休みの貸出くらいしか充実できない。そんな蛾のわしにもわかることが、自治体のお偉いさんにはわからんのか？　そんなはずはないと思うのだが」

「そうなの、だから蛾のおっさん、一緒に学校図書館の今を発信していきましょうよ。Ｒｕｍｉさんが ＳＮＳ 上にそんな場を設定してくれているし。私はこうやって、書くことで、大勢の人たちに伝えようとしているの」

「わしももっともっと知名度を上げて、全国の学校図書館をジャッジしながら、日本全国がハナマル図書館になるように蛾んばりたい」

「嬉しいわね、その意気込み。これからも頑張っていきましょう。学校図書館の成長を見逃さずに、小さなことでも拾い上げて発信していきたいわね」

エピローグ

蛾のおっさんの出現から4年が過ぎた。その間、Ｒｕｍｉさんと私は、蛾のおっさんと組んで学校図書館をどう盛り上げるかを模索しながら今日まで来た。ＳＮＳ上で、「学校図書館と言えば図書館用品のキハラ（株）の木原正雄次長（現在は部長）かな」と話を振ると、ノリのいい正雄さんが「なんかやります！」とキハラのノベルティグッズとして夏の学校図書館問題研究会で、Ｒｕｍｉさん手作りの蛾のおっさんしおり（写真13、14）に私が作った蛾のおっさんの物語を付けて配ってくれた。

司書や司書教諭資格取得で知られる神奈川県横浜市の八洲学園大学の野口久美子教授は、蛾のおっさんのキモ可愛いさに惹かれ「蛾のおっさんブックトラック」をキハラ（株）に発注し、研究室で愛用してくれている。毎年秋に横浜で開かれる図書館総合展*では、キャラクターグランプリに応募し、所属図書館欄

（写真13）

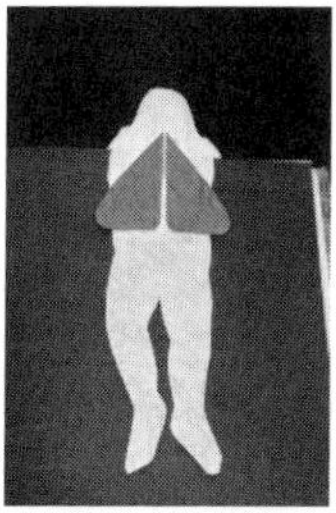
（写真14）

には「るみづほ妄想図書館」という架空の図書館名を用いているが、「オーディエンス賞*」を戴いた。かわいいキャラクターが多い中で、蛾のおっさんのシュールさは好評？を博している。

非公開だが、SNS上にGGG（蛾のおっさんの学校図書館の学校）があり、全国の学校図書館の様子をUPしたり共通の悩みを語り合ったりしている。学校図書館関係者であることがわかれば、参加リクエストに応じている。もう1つの蛾のおっさんのページは、たまに更新する程度であるが情報を提供したいと思っている。

子どもの頃、近くに公共図書館がなかったので、私にとっては学校図書館＝図書館だった。今の時代にもそんな子どもたちはいるはずだ。身近に本に触れ、気軽に調べ物ができる場所である学校図書館を、鍵のかかった部屋にしてはならない。森林を散策して樹木の香気を浴び、安らぎや爽快感を得ることが森林浴なら、図書館をブラウジングし本の匂いをかぎ、知の「気」を浴び、安らぎを得ることを書籍浴と呼びたくなる。よく生徒たちが、図書館のカウンター周りに集まって、「先生、ここに住みたい」とか「今日だけでも泊まっていいで

＊図書館総合展＝図書館をテーマとする展示会。主催は図書館総合展運営委員会。1999年に第1回開始、第6回以降はパシフィコ横浜で開催されている。毎年10月～11月頃に3日間かけて開かれている。

＊オーディエンス賞＝キャラクターグランプリの賞の中で、会場における得票数上位10のキャラクターに送られる賞。

すか？」と言っていたことを思うと、学校図書館にはそんな安らげる居場所としての良さもあるのだと思う。学びの場であると共に安らぎの空間でもある学校図書館を、等しく日本中の子どもたちが体験できるよう、これからも蛾のおっさんと共に発信し続けたい。

「そうじゃな、とにかく学校には図書館があることと、その学校図書館が自治体によってものすごい格差があること、そしてその格差とはそこに配置された『人』の差であることをわしももっと伝えていくぞ」

「そして学校図書館にはできることがたくさんあり、ハナマル図書館は、子どもたちを幸せにすること。逆に言うならバツ図書館は、子どもたちを不幸にすることをもっと私も伝えていくわ」

あとがき

最近の蛾のおっさんは、我が家のキッチンのカウンターに時々現われながら、見て来たことを報告してくれている。そのたびに私は、おっさんの話を文章化してパソコンに残している。

そこには、自治体間の格差と共に、公立と私学との格差が大きく開いていることが見えて来る。しかし、中学生を例に取ると日本のなんと92％は公立学校の生徒である。中学生の4人に1人が私学に通う東京の状況が、日本のスタンダードだと勘違いをしている官僚や政治家たちが、雲の上で教育を論じてはいないだろうか。私学は独自の発想で、先へ先へと進んで欲しい。しかし9割以上の子どもたちを預かる公立の学校現場は、もっと子どもたちの学びに寄り添える環境を作っていかねばならない。学校図書館で子どもたちが十分な学習環境を得られるためには、どうしたらいいのか。

現役中学校司書であるＲｕｍｉさんは、１校専任とはいえ週に３日の勤務だ。その少ない勤務日の中で、学校図書館の基本である「読書センター」としての機能の向上に努めている。Ｒｕｍｉさんのスーパー司書ぶりを知る私は、毎日勤務なら彼女がどれだけ授業に関わって「学習センター」「情報センター」としての学校図書館を作って行けるかがわかっているだけに悔しい気持ちになる。深い知識と、たくさんのノウハウと、児童生徒を惹きつける様々なアイデアを持つ学校司書が、自治体の都合に翻弄されるのは本当に切ない。どうして国がきちんと一律に、学校司書を学校職員として定数化しないのかと。

しかし前にも述べたように国の動きを待つよりは、自治体ごとに工夫をしてもらった方がスピード感を持って児童生徒のためになる対応ができるのだろう。彼女は今、「まちライブラリー」*立ち上げメンバーとして、学校外での図書館活動にも取り組んでいる。地域の中に様々な年齢の人たちが集える居場所づくりを目指しているのだ。

私は２０１８年４月から、長崎純心大学の非常勤講師として教員免許と共に

＊まちライブラリー＝まちの中にあるカフェやギャラリー、オフィス、住宅、お寺や病院に本棚を置いて、「本」をきっかけに人とのつながりを持つ活動。礒井純充氏が提唱し大阪で始まり、全国に広がっている。

司書教諭資格を取ろうと志す学生たちを教えることになった。学生たちには、学校現場の現状を率直に話しているし、司書教諭の置かれた厳しい状況についても包み隠さず話している。

学校図書館の歴史を学び、関連法*を学び、学校におけるその位置づけを学べば誰しもその矛盾に気づく。そんなに大切なはずの学校図書館が、どうして自治体によってこんなに違うのか？ しかし、さまざまな授業事例や実践を学ぶと、学生たちは、自分たちも教員になったら司書教諭の仕事をやってみたいと言うのだった。そんな純粋な学生たちの気持ちが、学校現場に出てからも維持できるような仕組みを、人生の先輩、学校図書館の先輩として作っていかねばならないと思いを新たにしている。

「わしらの取組はまだ始まったばかりである。学校図書館が、等しくすべての児童生徒に開かれた場所であり、そしてそこに専任で専門・正規の大人がいることを当たり前にしたいのだ。それは難しいことではないと思っているぞ」

「私もそう思うわ。1票の格差もいいけど、学校図書館の格差をなくすこと

*関連法＝学校図書館に関連する法案。教育基本法、学校図書館法、図書館法、文字活字文化振興法、子どもの読書活動に関する法律、ユネスコ学校図書館宣言など。

をより意識しよう!! 子どもは未来の宝であり、その宝をより輝かせる場所は学校図書館なのよ」

「そうじゃな。わしも、まだまだ飛び続けるのだ。さまざまな学校図書館に出会いながら、この国の子どもたちが幸せになることを目指して蛾んばるのだ!」

「私たちの取組は始まったばかりだから、私もめげずに頑張るわ!」


2018年7月17日愛知県豊田市で小学校1年生の男児が、校外学習から帰った教室で気を失い熱射病で死亡するという痛ましい事故が起きた。教室にはエアコンがなく扇風機が4台回っていただけだということだった。この事故から日本中の都道府県の学校の教室のエアコン設置率が大きく公表され、全国平均49・6%からみると1けた台だった長崎県が、長崎市、佐世保市と次々に小中学校へのエアコン設置を決めた。わが佐世保市は普通教室のエアコン設置率6・8%で、学校図書館にはほぼ設置されていなかった。しかし日に日に状況は変化し、ついに国が全公立小中学校の教室にエアコン設置の補正予算案を出すに至ったのだ。

7年前室温40度に近い鉄筋校舎4階の教室で、「先生、教室でだれか熱中症で死んだらクーラーつきますか?」と生徒が言っていた。「そうね、扇風機ぐらいはつくかな?」と答えた私。翌年、死者は出ずとも市が教室に扇風機を1台設置し、生徒たちは喜んだ。中学生は元気なので、何とか夏を乗り越えた。2018年7月16日までは、教室にエアコンなんて!という声もまだ多かった。子どもには我慢が肝心だと。それが、小さな命を失った結果として、日本中の公立小中学校の教室にエアコン設置へと国が動くことになったのだ。

学校図書館の問題は、「命」にはかかわらないかもしれない。しかし、子どもたちの育ちには欠かせぬ存在である。「1票の格差もいいが、学校図書館の格差はこんなに大変だ!」という大きな流れを起こすために発信し続けることは、可能だと信じている。あきらめずに伝え続けること。それが何より大切なのだ。

2019年、わが市の小中学校エアコン設置は、教室とともに図書館にも及ぶこととなった。2018年度の20名の学校司書は継続して勤務し、3名の増員枠もすぐに決まり、23名で4月からスタートできた。少しずつ事態は良い方向へと進んでいる。

令和の時代が、日本の子どもたちにとってよい時代となることを願って、私たちは、蛾のおっさんとともに活動を続けていきたい。

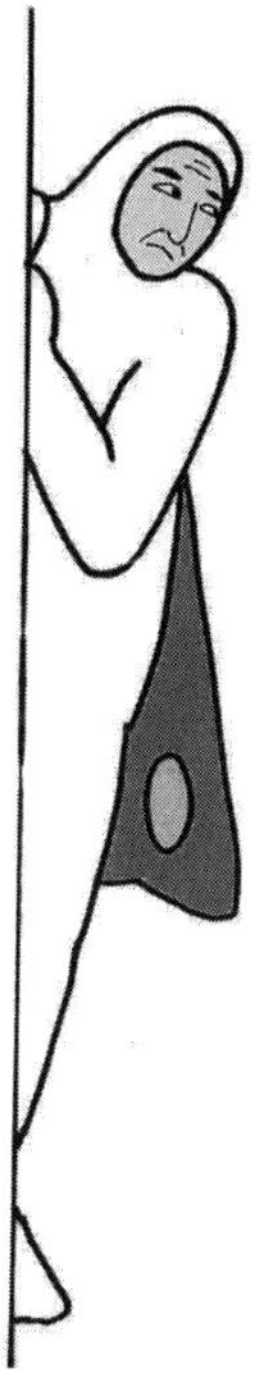

〈参考文献〉

・松田ユリ子『学校図書館はカラフルな学びの場』ぺりかん社　２０１８
・肥田美代子『学校図書館の出番です！』ポプラ社　２０１７
・神代浩　中山美由紀　編著『困ったときには図書館へ２　学校図書館の挑戦と可能性』悠光堂　２０１５
・中村百合子『学校経営と学校図書館』樹村房　２０１５
・『学校図書館はどう作られ発展してきたか』編集委員会編『学校図書館はどう作られ発展してきたか』教育史料出版会　２００１
・西日本図書館学会『図書館学』１０８　松尾満里子「長崎県内の「学校司書」等配置状況調査Ⅲ　～平成27年度市町立小中学校の現状と実態～」

〈著者プロフィール〉

山本みづほ（やまもと　みづほ）

35年間長崎県の公立中学校国語科教員として、佐世保市を中心とする県内の学校に勤務（うち1年は小学校）。学生時代に司書教諭資格を取得し、長年学校図書館の運営に携わって来た。自費で県内、国内そして海外の学校図書館や公共図書館を見学する。早期退職後は、そのフィールドを公共図書館にも広げている。日本図書館協会長崎県代議員。長崎純心大学非常勤講師。長崎短期大学非常勤講師。

イラスト　Rumi
カバーデザイン　Ma-Yu-Ya-Ta-K

蛾《が》のおっさんと知《し》る衝撃《しょうげき》の学校図書館格差《がっこうとしょかんかくさ》
～公教育の実状をのぞいてみませんか？～

2019年7月26日　初版第1刷発行

編　者　山本みづほ

発行者　登坂　和雄
発行所　株式会社　郵研社
〒106-0041　東京都港区麻布台3-4-11
電話（03）3584-0878　FAX（03）3584-0797
ホームページ http://www.yukensha.co.jp
印　刷　モリモト印刷株式会社

ISBN978-4-907126-25-4　C0095
2019 Printed in Japan

●●●●● 好評既刊 ●●●●●

システムエンジニアは司書のパートナー

～しゃっぴいSEの図書館つれづれ～

図書館システムの構築に関わったSEの経験を生かして、図書館の今を様々な視点から語り、論じた、もう一つの図書館論。

第１章　図書館は誰がつくっているのか
第２章　SEの図書館見聞録
第３章　事件は図書館現場で起きている
第４章　SEからみた可能性

好評発売中

高野一枝 著　　定価：本体1600円＋税

すてきな司書の図書館めぐり

～しゃっぴいツアーのたまてばこ～

◆フィクションで描かれることの多いステレオタイプな司書の姿とは一線を画した好奇心旺盛な図書館員・図書館人の独特の世界を公開！
◆図書館関係者に限らず、一般の方々にも広く知っていただくには最適な一冊！
◆訪問先図書館等48館を紹介！

2刷！発売中

高野一枝 編著　定価：本体1800円＋税

郵研社の本

※書店にない場合は、小社に直接お問い合わせください